분홍목사의 교회교육 레시피

분홍목사의 교회교육 레시피

1판 1쇄 발행 2022년 6월 13일
1판 2쇄 발행 2025년 2월 24일

지은이   홍융희
펴낸이   우지연
마케팅   스티브jh
디자인   샘물 김선희
경영팀   강운자 박봉순
펴낸곳   한사람
출판등록 제2020-000022호
주소   경기도 의왕시 안양판교로 221, 403호
홈페이지 https://hansarambook.modoo.at
블 로 그 https://blog.naver.com/pleasure20

ISBN 979-11-92451-01-5 (03230)
+ 잘못 만들어진 책은 구입한 곳에서 교환해드립니다.

분홍목사의
교회교육 레시피

차례

Prologue ··· 9

Chapter 1. 분홍목사 탄생의 비밀

1. 부교역자에서 담임목회자가 되다 ··· 14

2. 나의 콘셉트는 분홍으로!
   안녕하세요? 분홍 목사입니다! ··· 18

3. 여름성경학교 주제강의를 담임목사가 하는 이유? ··· 23

Chapter 2. 제일 좋은 건 교회에 있어야 해!

1. 눈에 보이는 것부터 바꿔라! ··· 34

2. '우리' 교회에 나올 이유를 분명히 경험하게 해주라 ··· 38

3. 전체 교인들과 지속해서 소통하며 같은 편 되기 ··· 41

4. 다모여 기도회를 교인들과 함께하기 ··· 44

5. 다음 세대를 중심으로 교회 달력을 만들라! ··· 48

차례

Chapter 3. 예산은 최소화. 그러나 다음 세대를 주인공으로 만드는 일들

1. 다음 세대의 얼굴과 이름을 알려라 … 52

2. 교사의 얼굴과 이름을 잘 보이는 곳에 알려라 … 55

3. 다음 세대 예배 시간을 9시에서 11시로 옮겨라 … 57

4. 예배와 공과, 순서를 바꿔라 … 63

Chapter 4. 교회학교 교사들의 수고를 아나요?

1. 우리 교회에 올 이유를 분명하게 만드는 두 가지 비법 … 70

2. 아이들을 어떻게 대해야 할까요? … 80

3. 부정적인 생각을 바꿔준 교회 선생님 … 86

4. 아무리 강조해도 부족하지 않은 소그룹 … 90

5. 교회학교 선생님은 다를 수밖에 없어요 … 94

차례

Chapter 5. 가정이 중요한 건 알지만 담임목사가 어떻게?

    1. 자녀신앙교육의 핵심 키워드 ··· 100

    2. 전 세대 예배로 시작해보자 ··· 103

    3. 가정예배로 돌파구를 찾아보자 ··· 105

    4. 문고리 심방으로 접촉점을 만들자 ··· 107

    5. 다자간화상회의 심방도 시도해 보자 ··· 109

Chapter 6. 코로나, 그래도 짚고 넘어가야 할 이야기

    1. 다음 세대 신앙교육에 무엇이 필요할까? ··· 114

    2. 가정, 부모가 들려주는 딱 두 가지 신앙이야기 ··· 116

    3. 가정예배 <하.별.모.> 가정을 교회로 만들다 ··· 128

Chapter 7. 분홍목사의 교육 비법 소스

    1. 질문으로 교회를 새롭게 ··· 144

    2. 질문하는 법을 가르쳐라 ··· 148

3. 아이의 입이 열리는 것을 목표로 ··· 155

4. 공과보다 더 중요한 건 만나는 것 ··· 164

5. 진도보다 더 중요한 것 ··· 170

6. 가르치는 게 아니라 반응하는 것 ··· 173

7. 아이가 좋아하는 것을 발견하는 교회 교육 ··· 177

[부록] 분홍목사의 교육 자료 대방출
▦ 담임목사로 부임 후 세운 5년간의 교육정책 ··· 190
▦ 당장 써먹을 수 있는 장년 교육 커리큘럼 ··· 205
1. 기초신앙교육 [하.사.품] ··· 206

2. 말씀 묵상 훈련학교 ··· 209

3. 기도 훈련학교 ··· 212

4. 복음 훈련학교 ··· 215

▦ 교사헌신예배 이렇게 준비하세요
1. 우물들을 다시 파라(창 26:12-18) ··· 217

2. 제자로서의 교사(막13:13~15) ··· 240

Special Thanks ··· 262

Prologue

"와~ 분홍목사님이다!"

저희 성민교회의 유치부 아이들은 저를 보면 언제든 반갑게 웃으며 뛰어와서 안깁니다. 과연 그 아이들은 어떻게 담임목사를 알아본 것일까요? 그건 제가 '분홍목사'가 되었기 때문입니다.

매주 분홍색 재킷을 입고 분홍 넥타이를 매고 다음 세대 부서를 찾는 저를 아이들은 너무도 쉽게 알아봅니다. 나이도 적지 않은 담임목사가 온통 분홍색으로 입고 다니는 건 다음 세대 아이들이 누구나 쉽게 알아보고 부담 없이 다가오게 하려는 제 마음이라는 걸 아이들은 너무도 정확하게 파악하고 있습니다.

그래서 분홍목사로 다가오는 담임목사를 아이들은 기꺼

이 반갑게 맞이해주고 사랑해줍니다. 아이들과 매 주일 만나면서 사랑을 주고받는 것, 그것이 제가 목회하는 이유이자 목회가 행복한 까닭입니다.

 부산 성민교회에 부임해서 분홍목사로 활동하는 지난 7년 동안, 아이들도 많이 늘어났고 그 아이들을 따라서 부모 세대도 함께 성장과 성숙을 경험하고 있습니다. 이제는 그 어느 교회보다 아이들이 행복한 교회, 아이들이 집보다 더 좋아하는 교회, 다음 세대 사역으로 부흥하고 성장하는 교회로 소문이 나면서 지역과 교단을 초월하여 많은 교회의 목회자들과 교사들이 탐방을 오고 여러 행사의 강사로 초청하여 교회학교의 해결책을 질문해오는 교회가 되었습니다.

 하지만 워낙 많은 교회의 요청을 다 수용하지 못해서 늘 아쉬운 마음이 컸습니다. 그래서 그동안 목회자와 교사들을 대상으로 강의하고 설교했던 내용을 묶어서 이번에 책으로 소개하게 되었습니다.

 바라기는 이 책을 통해서 이 땅의 모든 교회가 아직 우리에게 소망이 있음을 발견하고 교회마다 다음 세대 사역의 해법을 찾는 데 도움이 되길 소망합니다.

하나님은 주의 말씀을 신뢰하고 복음을 전하며 사랑으로 아이들을 만나는 교사들과 믿음으로 양육하는 부모들, 그리고 양육자로서의 거룩한 책임감과 부담감을 가지고 오늘도 눈물로 기도하며 은혜를 구하는 성도들의 수고와 열심을 통해서 다음 세대의 부흥을 일으키고 내일의 멋진 리더들을 키워가실 것입니다.

홍 융 희

1장

분홍목사 탄생의 비밀

1. 부교역자에서 담임목회자가 되다

2015년 11월부터 부산 성민교회로 부르심을 받아 담임 목회를 시작하게 되었다. 담임목사가 되기 전까지 나도 다른 교역자처럼 교육부서를 맡아 목회를 하던 것이 전부였다. 하지만 담임목사가 되고 나서 몇 가지 중요한 결정을 해야 했다.

교회 교육이 점점 어려워지고 있고, 심지어 교회학교가 무너지고 있다는 위기설이 나온 것은 이미 오래된 일이다. 이대로 가다간 10년, 20년 후의 한국 교회의 현실이 암담하다는 예측과 경고가 무수히 등장했다. 하지만 그에 대한 실질적인 대안 제시는 빈약했던 것이 사실이다. 왜 그럴까? 학교에서 책으로 이론을 쌓은 교수님들의 학설들은 많이 쏟아져 나왔지만 정작 이를 우리 실정에 맞게 펼쳐나갈 교회학교 현장의 전문가들이 부족했던 건 아닐까?

담임목사로 부임한 이후 가장 먼저 한 결정은 부임 후 5년간 다음 세대를 안정적으로 부흥시키는 기간으로 정한 것이었다. 다음 세대 사역은 교회가 감당할 여러 가지 사역 가운데 하나가 아니라 교회가 가장 중점을 두고 최선을 다해 노력해야 할 핵심적인 사역이라는 생각이 들었다.

그렇다고 내가 교회교육에 대한 고민을 한 방에 없애줄 마스터키를 쥐고 있다는 뜻은 아니다. 다만 교육 목회를 어떻게 해야 하는지 모르거나 고민하는 분들에게 도전을 주고 격려하며 함께 이 길을 걸어가고자 한다.

무엇보다 내가 이것을 말하고자 하는 것은 다음 세대 사역은 목회의 우선순위로 세워야 하는 일이며, 교회 전체가 한마음이 되어 신앙의 양육자로 다음 세대를 어떻게 하나님의 백성으로 거듭나게 할 것인가에 초점을 두고 전진해야 하는 중요한 사명이 되기 때문이다.

또한 부서 중심의 목회에서 이제는 담임 목회자로서 교회 전체로 확장하는 일은 어렵지만 매우 흥미롭고 유익한 작업이었고 기쁨이었기 때문에 담임을 준비하고 있는 분들, 혹은 교육을 중점으로 사역을 펼쳐나가기 원하시는 분들에게 도움을 드리고 싶은 마음에 글을 쓰기로 결정했다.

담임목사로 부임하고 세운 교육과 관련된 5년간의 표어

2017년 : 다음 세대를 부지런히 세우는 교회 (신명기 6:6~7)
- 다음 세대 발전을 위한 환경과 설비를 조성하는 해

2018년 : 다음 세대를 부지런히 살피는 교회 (잠언 27:23~24)
- 다음 세대의 마음을 살펴 신앙의 성장과 성숙을 위해 힘쓰는 해

2019년 : 다음 세대를 부지런히 살리는 교회 (시편 102:18)
- 다음 세대를 위하여 기록된 말씀 교육에 집중해서 영혼을 살리는 해

2020년 : 다음 세대를 부지런히 양육하는 교회 (예레미야 3:15)
- 다음 세대를 양육할 교사와 리더, 후원그룹을 튼튼히 세우는 해

2021년 : 다음 세대를 부지런히 채우는 교회 (하박국 2:14)
- 다음 세대의 부흥을 통해서 건강한 교회의 사명을 잘 감당해가는 해

성민교회가 세운 표어를 통해 다음 세대에 대한 마음을 배울 수 있다. 이에 전문을 실음으로 어떤 마음과 취지로 표어를 세웠는지 확인할 수 있을 것이다. 전문은 맨 뒷장에 있다.

2. 나의 콘셉트는 분홍으로!

안녕하세요? 분홍 목사입니다!

여러 변화가 있지만 개인적으로 가장 중요한 변화를 꼽자면 바로 컬러(color)의 변화라고 할 수 있다. 전통적인 교역자들의 색깔인 검은색, 남색, 쥐색, 똥색을 벗었다. 그런데 나는 파격적으로 분홍색 양복을 입기 시작했다. 이렇게 입으니 사람들이 신기해하고 관심을 보이기 시작했고, 다음 세대들도 호기심을 나타냈다. 이것이 바로 틈이 생기는 현장이다. 그리고 현재 분홍목사라는 타이틀로 사역하고 있는데, 분홍목사가 된 배경이기도 하다.

여기서 잠깐 분홍목사의 탄생, 비하인드 스토리를 개봉하자면 내 이름은 '홍융희'이다. 그런데 사람들이 내 이름을 발음하는 것을 너무 어려워했다. 선생님들도 홍윤희? 홍유희?

라고 하거나 아이들도 '홍융희'라고 제대로 발음하지 못했다. 서울, 대전, 대구, 부산 찍고, 전주, 광주, 제주로 다니면서 아이들을 만나고, 선생님들을 만나는데 이름이 어려우니 기억하는 게 쉽지 않았다.

그래서 홍씨니깐 홍 목사로 우선 정했다. 그리고 어떤 홍 목사라고 설명하고자 할 때 내가 가장 중요하게 생각하는 가치를 담아 설명할 필요가 있다고 생각했다. 그래서 "다음 세대를 사랑하는 분, 그분을 전하는 홍 목사"라고 이름을 풀이했고 이것이 나의 비전선언문이 되었다. 이때부터 나는 사람들에게 나를 '분홍 목사'라고 알리기 시작했다. 아이들도 선생님들도 "분홍 목사님" 하면서 부르기 시작했다.

그런데 분홍 목사라고만 하지 말고 컬러를 바꿔보자는 생각이 들었다. 하지만 분홍색 재킷을 입는 일은 쉬운 일은 아니다. 어떤 사람은 트로트 가수인 줄 오해하기도 한다. 게다가 요즘엔 분홍색 마스크도 쓴다. 사람들에게 엄청 눈에 띈다. 하지만 옷 색깔만 달리 입어도 사람들은 신기하게 생각하고 대단한 노력을 기울이지 않았지만 사람들로부터 질문을 받기 시작했다. "왜 분홍색을 입고 다녀요?"

나는 이런 질문을 받으면 기다렸다는 듯이 이렇게 답한다. "내가 너희한테 잘 보이려고 그래. 너희가 내 관심사거든." 정말로 나는 아이들에게 다가가기 위해 분홍색 옷을 입는다.

주일마다 입는 양복 색깔도 아예 분홍색으로 바꿨다. 처음엔 분홍색 자켓만 입었는데 교회에 좋은 이야기가 돌기 시작했다. "홍융희 목사님 되게 열심히 한 대." 옷만 입고 다녔는데도 사람들은 다르게 생각하기 시작했다.

또한 평상시에는 분홍색 옷을 입지만 절기마다 색을 바꿨다. 사순절은 보라색으로 바뀌고, 부활절은 흰색으로 바꾼다. 그렇게 옷이 바뀌면 아이들이 또 물어본다.

"목사님 옷이 왜 바뀌셨어요?" 그러면 나는 사순절이라고 말해준다. 그러면 아이들은 또 질문한다. "사순절이 뭔데요? 사순절이 보라색이랑 무슨 상관이 있어요?"

그러면 자연스럽게 사순절에 관한 얘기를 할 수 있다. "사순절은 부활절 전 주일을 뺀 40일. 나를 위해 생명 주신 예수님을 생각하며, 깨끗한 마음으로, 감사한 마음으로 지내는 날들이야." 이렇게 교육이 시작된다. 그래서 굳이 오늘이 무슨 날인지 몰라도 옷이 바뀌면 뭔가 특별한 날임을 시각적으로 알려준다.

또한 우리 교회 교사들은 나처럼 색깔을 맞춰 유니폼을 입는다. 어린이부는 분홍색, 유치부는 빨간색, 청소년부는 회색이다. 교사들이 아이들을 위해서 복장에 변화를 주는 것은 부서 아이들에게 상당한 도전이 된다. 옷만 바꿔 입어도 교사들이 준비된 자세로 아이들을 만난다는 것을 공적으로 보여주게 된다.

그리고 유니폼을 입은 교사들은 옷이 편하므로 아이들과 활동적으로 어울려서 놀고 공부하고 함께 뒹굴면서 친화력을 발휘한다. 여기에 교사들 서로가 하나가 되고 동질감을 느끼면서 협력하는 효과도 거둘 수 있다.

또한 교사들이 색깔을 맞춰서 입으면 교회 교인들의 인식도 바뀐다. "아, 저분은 수고하는 분이구나. 애쓰시는 분이구나. 저분은 다음 세대를 참 사랑하는 분이구나."라고 교인들이 옷만 보고도 그분들을 격려하고 응원하는 마음을 가지게 된다. 모든 교회가 그러하겠지만 교회학교 교사들은 매주 많은 수고를 하고 있다. 그런데 또 헌신하라고 교사 헌신예배를 드리고 기도하고 작정하게 하는 경우가 많다.

그래서 우리 교회는 과감히 헌신예배를 없애고 대신 다음 세대 주관 예배를 만들었다. 다음 세대 주관 예배는 다음 세대가 성경을 읽고 찬양하고, 다음 세대가 특송하고, 헌금위원을 맡는다. 한 번은 유치부 아이 3명이 성경을 봉독했는데 성도들이 얼마나 감동했는지 우렁차게 손뼉을 쳐주었다. 그 순간 참 보람을 느꼈다.

그리고 어린이 예배드릴 때 우리 교회 장로님들은 미리 계획된 것도 아닌데 동물 옷을 입고 예배당에서 아이들과 함께 찬양하고 율동을 한다.

그러면 교사들과 부모들, 성도들이 무엇을 느끼겠는가! 교회가 함께 다음 세대에 관심을 두고 지탱하고 있다는 동질감을 느끼게 된다.

이처럼 컬러의 변화는 무엇을 입느냐가 중요한 게 아니라 어떤 마음으로 아이들을 사랑하는지를 보여주는 일이다. 아이들에게 좀 부족하고 모자라게 보이는 게 잘 보이는 일이다. 그래야 아이들의 마음이 열리고 편안해진다. "어? 만만해 보이네?" 그러면 아이들이 듣기 시작한다.

어떤 교회는 담임목사의 얼굴을 모르는 다음 세대 아이들도 있다. 나와 상관없는 어른처럼 교육부서 따로, 교회 따로처럼 보이는 교회도 있다. 그런데 분홍 목사로 불리며 분홍 재킷을 입고 다니면 아이들이 담임목사를 알아보고 다가온다.

나도 아이들의 이름을 불러주며 자연스럽게 소통할 때 아이들이 교회를 바라보는 시각은 매우 친화적으로 바뀐다. 그리고 담임목사를 비롯한 어른들이, 교회가 자신들을 알아준다는 기쁨과 보람을 가질 수 있다. 이러한 면에서 컬러의 변화는 필요하다.

3. 여름성경학교 주제강의를 담임목사가 하는 이유?

내가 성민교회에 부임한 이후로 7년째 매년 하는 일이 있다. 여름성경학교 강습회에서 매년 직접 주제강의와 기획특강을 하는 일이다. 흔히 성경학교 강습회에서 담임 목회자의 역할은 개회 예배 설교나 격려사, 또는 축사나 축도 정도일 때가 대부분이다.

그런데 왜 분홍목사는 여름성경학교의 주제부터 공과, 프로그램, 찬양, 환경구성, 컨셉 등을 배우는 자리에서 직접 이렇게 하는 걸까? 여기에는 몇 가지 중요한 이유가 있다.

1) 담임목사가 이해하는 만큼 여름 행사가 된다

예나 지금이나 교회학교에 있어서 여름 행사의 중요성은 이루 말로 다 할 수 없다. 흔히 일 년 농사가 걸려있다고 할 정도로 여름 행사를 통한 다음 세대 교육은 매우 중요하다. 여름성경학교와 수련회에서 경험한 은혜는 교회 교육의 꽃이며 인생을 바꾸는 시간이다.

또한 총회 교육자원부에서는 올해 총회 주제를 아동부와 청소년부, 유치부 등 각 부서에 맞게 변형하고 구조화하여 다음 세대에게 효과적인 교육을 할 수 있도록 준비한다. 무엇보다 여름성경학교를 위해 일 년 전부터 주제를 연구하고 성경 학습과 특별한 프로그램을 기획하고 집필하면서 많은 시간을 투자하고 힘쓰고 있다.

그런데 이렇게 중요한 교회학교의 여름 행사가 과연 총회에서 준비한 대로, 공과 집필진이 고민하며 제작한 대로, 그해 교회학교 현장에 보급되고 전해져야 할 내용대로 각 교회의 현장에 전해지고 그만큼의 효과를 거두고 있을까? 현실은 전혀 그렇지 못하다.

가장 중요한 이유는 부서 교역자의 역량에 따라 달라지고 부장이나 총무 교사의 경험치에 따라 여름 행사의 주제를 이해하고 교육내용을 소화하는 정도가 달라지기 때문이다. 그래서 총회에서 아무리 좋은 주제를 내놓는다고 해도 현장에서는 형식적으로 사용되거나 그 깊은 의미를 놓치기 쉽다. 더욱이 여름 행사는 그냥 잘 먹이고 잘 놀게 해주면 그만이라는 식의 교육관을 가진 현장 사역자들이나 교사들도 많이 있다.

그래서 분홍목사는 담임 목회자이지만 매년 총회에서 주최하는 여름 지도자강습회에 참여해 올해 여름 교회학교가 중점을 두고 있는 주제가 어떤 내용인지, 그리고 그 주제를 각 부서는 어떻게 소화하고 이해해서 교재에 반영했는지를 배우고 함께 연구하면서 이를 교회 현장에 전해주는 사역을 감당하고 있다.

무엇보다 담임목사의 역할은 교회 전체의 여름 행사 분위기를 결정하는 데 있다. 이것이 가능해지려면 반드시 올해의 여름 행사 주제를 숙지하고 있어야 한다.

그다음에 담임목사를 중심으로 해서 각 부서의 교역자들이 더 좋은 아이디어를 공유할 수 있어야 한다. 또한 담임목사의 위치는 전체 부서나 일정 등의 이견을 조율할 수 있으므로 담임목사의 참여는 매우 필수적인 일이라 생각한다.

또한 우리 교회에서 강습회를 할 때는 그해 여름의 환경 구성을 모두 마친 상태에서 진행한다. 강습회 전부터 담임목사가 직접 나서서 교회 전체를 그해 주제에 맞게 꾸미고 준비하는 일의 선두에 서기 때문에 가능한 일이라 여겨진다.

2) 담임목사가 나서야 온 교인이 관심을 기울인다

교회의 여름 행사가 지향하는 바는 교회에 나오는 다음 세대들의 신앙을 복음과 성경 말씀, 찬양과 기도, 하나 되는 시간을 통해 향상하고 그들이 교회공동체의 모든 멤버들에게 충분히 사랑받고 존중받고 있음을 알게 하는 일이다.

이런 경험을 통해서 다음 세대는 교회에 더욱 애정을 가지고 그 교회의 중심구성원으로 성장하게 된다. 이를 위해서 중요한 것은 다음 세대 여름 행사에 온 교회 교인들이 모두 관심을 가지고 참여하는 일이다.

하지만 현실적으로 각 교회의 여름 행사는 각 부서의 교사들이나 학부모들에게는 중요한 행사지만 그 외의 성도들에게는 별로 관심이 가는 행사가 아니다.

그래서 담임목사의 관심과 참여가 무엇보다 중요하다. 담임목사가 주제강의를 하면서 관심을 보이고 깊숙이 관여되어 참여할 때 성도들도 이 일을 모두가 관심을 가지고 참여해야 할 일로 받아들이기 시작한다. 교회학교만의 일로 외면하거나 버려두지 않고 각 선교회와 자치단체도 참여해서 후원과 지원을 아끼지 않고 협력해서 행사가 잘 진행되도록 돕는다.

만약 여러분의 교회에서 이런 일이 일어난다면 어떤 변화가 일어날지 상상해보자.

담임목사가 주일예배 시간 사이에 교회학교를 방문해서 아이들을 만나고 교사들을 축복하는 교회, 담임목사가 아이들의 이름을 외우고 불러주며 아이들과 함께 있는 시간을 아까워하지 않는 교회, 담임목사의 집무실 벽을 아이들의 얼굴과 이름이 가득 채우고 있는 교회, 담임목사가 여름성경학교 주제강의를 하는 교회가 된다면 그런 교회는 다음 세대를 살리는 교회, 사랑하는 교회라고 말하지 않아도 모두가 아는 그런 교회라 여길 것이다.

분홍목사가 전하는 어린이 전도 메시지
어떻게 설교하는지 궁금하신가요?

[요한복음 14:6] 예수께서 이르시되 내가 곧 길이요 진리요 생명이니 나로 말미암지 않고는 아버지께로 올 자가 없느니라

안녕하세요? 부산 성민교회를 담임하는 다음 세대를 사랑하시는 분. 그분을 전하는 홍 목사. 분홍 목사 홍융희입니다.

오늘은요. 성민이 친구의 이야기를 해주려고 해요. 성민이는 친구들과 놀고 있는데 갑자기 반장이 찾는 소리를 들었어요. "성민아! 선생님이 너 빨리 교무실로 오래!" '어! 무슨 일이지? 나를 칭찬해 주시려고 하나? 아니면 혼내주려고 하나?' 성민이는 고민에 빠졌어요. 그래서 함께 가 줄 친구를 찾기로 했죠.

첫 번째 친구, 자기가 제일 사랑하고 아끼는 친구에게 갔어요. "친구야! 선생님이 나 찾는데! 걱정이 되 죽겠어. 같이

가자!" 그랬더니 첫 번째 친구는 "야야~ 내가 왜 가냐? 흥!" 그리고 가 버렸어요.

너무 놀란 성민이는 두 번째 친구를 찾아갔어요. 이 친구는 첫 번째만큼은 아니지만 그래도 자기가 아끼고 사랑하는 친구였거든요. 두 번째 친구는 말했어요. "성민아! 그래 좋아! 내가 교무실 앞까지는 가 줄게! 그런데 같이는 못 들어가! 이해해 주길 바래!"

성민이는 놀랐어요. 어떡하지? 어떡하지? 하다가 평소에 자기가 별로 잘해주지는 못했지만, 그래도 자기를 아껴주는 세 번째 친구를 찾아갑니다.

그랬더니 세 번째 친구는 손을 덥석 잡으면서 "성민아! 잘 왔어! 내가 너랑 선생님 앞까지 같이 가 줄게! 그래서 내가 선생님께 너의 칭찬을 같이 해주고 만약에 혼나는 자리라면 내가 대신 혼나줄게! 걱정하지 마! 우리 가자~!"라고 말하는 것이었어요.

자, 여러분 어때요? 어떤 친구가 진짜 친구일까요? 우리는요. 언젠가는 하나님께서 우리를 부르시는 시간을 맞이하게 됩니다. 그런데 어? 천국으로 갈지? 지옥으로 갈지? 아무도 몰라요.

자, 그때 어떤 친구와 함께 가야 할까요? 첫 번째 친구는요? 바로 돈이에요. 우리가 너무너무 좋아하죠? 그런데 돈은 우리가 하나님 앞에 갈 때 함께 갈 수가 없어요.

두 번째 친구는 부모님과 친구들입니다. 너무너무 좋지만 미안합니다. 장례식까지만 같이 가줄 수 있어요. 하나님께는 같이 갈 수 없어요. 그러면 누가 같이 가 줄 수 있을까요?

바로 세 번째 친구는 예수님이세요. 예수님은 우리를 사랑하셔서 이 땅에 오시고, 십자가에서 우리를 위해 죽으셨어요. 그리고 부활하셔서 우리의 영원한 생명의 주님이 되셨답니다.

예수님은요. 우리와 함께 하나님 앞까지 가 주시고, 우리 친구들이 얼마나 하나님을 잘 믿었는지, 하나님의 귀한 자녀인지를 하나님께 증언해 주시는 분이세요.

우리 친구들! 돈도 좋지만, 친구도 좋지만, 가장 좋은 우리와 천국까지 함께 가는 친구는 예수님입니다. 예수님을 믿고 여러분이 구원받기를 축복합니다.

같이 우리 기도할게요. 하나님! 저는요, 돈 되게 좋아하고요. 친구도 좋아하는데요. 그런데 오늘 말씀 들어보니 예수님 밖에는 천국까지 함께 갈 친구가 없대요. 저는 제힘으로는 천국 갈 수 없습니다. 예수님을 믿고 꼭 천국 갈 수 있도록 예수님을 믿는 어린이로 살게 해주세요. 저의 죄를 용서해 주시고, 예수님과 함께 이 땅에서 또 하늘나라에서 행복한 삶을 사는 하나님 자녀가 되게 해주세요. 저를 사랑하시는 예수님의 이름으로 기도합니다. 아멘!

여러분, 잘했어요. 또 만나요.

2장

제일 좋은 건 교회에 있어야 해!

1. 눈에 보이는 것부터 바꿔라!

코로나19로 경제활동이 어려워졌다. 돈을 벌기도 어렵지만 쓰기도 쉽지 않다. 해외여행을 못 나가고 회사에서 일하는 대신 집에서 일하고 집에 머무는 시간이 많아지니 홈 인테리어가 늘었다.

교회도 현장 예배를 드리지 못했기 때문에 한동안 예산이 현저히 줄었다. 하지만 이 시기를 교회학교 리모델링의 시기로 활용하는 것이 좋겠다고 생각했다.

이렇게 준비하면 아이들이 오랜만에 교회에 왔을 때 새로운 환경에서 새로운 마음으로 즐겁게 모임을 가질 수 있고, 교회가 이렇게 한 것에 대해 무엇보다 교사들의 사기가 올라갈 것이라는 생각이 들었다.

우리 교회도 그렇지만 교회 곳곳을 잘 찾아보면 의미 없이 자리한 공간들이 숨어 있다. 이러한 공간을 다음 세대 교육을 위해서 활용하기 위해서 찾아야 한다. 그래서 누구보다 부서 사역자와 교사들의 안목이 필요하다.

또한 아이들이 다니는 교회학교 공간은 부모들이 아이들을 데려다 주고 맞이하는 공간이다. 교회의 교육공간은 교인들이 늘 이용하며 바라보는 곳이므로, 코로나19의 상황을 이용해서 어떻게 꾸미느냐에 따라 교회의 관심이 다음 세대를 향해 있다는 점을 보여주고 교회학교를 격려하는 효과를 얻을 수 있다.

그런데 한편으로는 예산이 부족하다는 소리도 들렸다. 이 문제는 조금만 달리 생각하면 좀 더 명확해질 수 있다. 가정에서 자녀들을 위한 가구나 물건을 구매할 때 조금 벅차더라도 아이들이 좋아하는 책상, 의자, 수납공간 등으로 맞춘다. 누구도 이 점에 대해 이의를 제기하지 않는다.

교회도 마찬가지라고 생각한다. 교회도 교회학교의 비품을 준비할 때 아이들의 눈높이에 맞춰서 아이들이 즐겁게 교회에 참여할 만한 비품을 사야 한다. 많은 교회에서 어른들이 쓰다가 못쓰게 된 책상과 의자, 가구, TV, 빔프로젝터 등을 교회학교로 보낸다. 이런 가구들은 우선 무겁고 색깔도 예쁘지 않다. 오래되었고 실내장식도 잘 맞지 않는다. 어른이 볼 때도 그런데 아이들의 눈에는 오죽할까?

그래서 이 기간동안 여러모로 알아보며 아이들이 좋아할 만한 원색 컬러에 모양을 이리저리 맞춰서 만들 수 있는 퍼즐형 책상을 구입하기로 했다. 물론 이렇게 비싸고 고급스러운 책상을 교회학교에 두는 게 맞는지 묻는 분도 있었다.

그러나 집에 없는 고급 책상이기 때문에 교회에 있어야 한다는 것이 나의 생각이었다. 집에 없는 고급 책상이 교회에 있어야 아이들이 교회에 와서 오래 머물 것이 아닌가?

코로나19 기간동안 이렇게 구매한 퍼즐형 책상은 지금도 아이들이 매우 사랑하는 가구 중 하나다. 아이들은 매주 스스로 퍼즐을 맞추듯 여러 모양으로 변형해 공간을 활용하고 있다.

그런데 퍼즐 책상이 교회를 살리는 게 아니라 퍼즐 책상을 산 '의도'가 아이들을 기쁘게 한다. 이 책상을 교회에 둔 이유는 정확하게 어느 자리가 중심이고 어느 자리가 변두리라는 개념을 사라지게 하기 때문이다. 누구든지 원하는 자리에 동등하게 앉을 수 있다.

또한 청소년들을 위해서는 학생들이 와서 편하게 앉아 쉴 수 있는 고급형 빈백(beanbag)을 준비했다. 이 의자는 아이들이 편하게 앉거나 누워서 쉴 수 있다. 빈백은 편하지만 가정에서 구입하기에는 비싸서 심방을 가도 있는 집이 거의 없다. 고가의 제품이기 때문에 부담스러울 수 있지만 교회가 아이들을 위해 준비해 주면 아이들은 교회에 와서 자세는 좀 삐딱해 보이고 산만해 보일 수 있지만, 아이들에게는 너무 필요한 의자로 쓰임 받는다.

아이들은 누군가의 눈에는 아무것도 아닌 것처럼 보이는 이런 것들을 통해 배려받고 존중받는다는 것을 알고 있다. 그리고 부모들도 이런 교회를 더욱 신뢰하고 믿고 아이들을 보낼 수 있는 계기가 된다. 기회는 스스로 만드는 것이다.

2. '우리' 교회에 나올 이유를 분명히 경험하게 해주라

　　어린 시절 길바닥에 앉아 있을 때가 기억난다. 누군가 둥~둥~ "오세요. 오세요. 여름성경학교. 오세요. 오세요." 둥~둥~ 북소리가 저 멀리 들리는 듯했다. 그때 피에로로 분장한 사람을 따라갔는데 그곳이 교회였다.

　　나는 그렇게 교회에 다니게 되었다. 교회는 다른 곳과 달랐다. 다른 데서는 잘해야 칭찬을 받는데 교회는 가기만 하면 착한 어린이라고 하고 상을 줬다. 그리고 처음 나온 아이가 4주 계속 나왔다고 또 상을 줬다. 그렇게 1년 열심히 나가면 개근상과 선물을 어마어마하게 줬다.

　　그래서 그때부터 학교 공부 끝나면 집으로 안 가고 교회로 갔다. 교회에서 기타도 치다가 피아노도 치다가, 노래도 부르다가 찬양하다가, 기도하다가 주보 접다가, 현수막도 걸다가 그렇게 교숙자가 되었다. 교숙자, '교회에서 먹고 자는 노숙자'를 말한다. 나를 그리스도인 되게 만든 건 '염천교회'였고, 그 교회의 사랑이었다.

그때 깨달은 게 있다. '아, 예수님을 믿으면 세상에 부러울 게 없구나. 참 좋다.' 친구들이 자기네 집이 40평이라고 자랑하면, 나는 "야, 우리 교회 본당은 100평이 넘어!"라고 얘기했다. 다른 아이들이 "야, 우리 4인용 차를 새로 뽑았어." 그러면 나는 "우리 교회는 봉고가 15인승이야!"라고 말했다. 세상이 전혀 부럽지 않았다.

그래서 나는 목사가 되면 우리 교회의 아이들에게 이런 마음을 갖게 해줘야겠다고 생각했다. 집에 없는 좋은 것을 교회에 갖다 놓기 시작했다.

그러면 아이들이 교회에 오고 싶어서 기다린다. 어린 시절 나처럼 아이들은 교회를 너무너무 사랑한다. 예수님을 믿으면 세상이 부럽지 않다는 것을 알게 된다.

나는 이 경험이 아이들에게 있어야 한다고 생각한다. 아이들이 교회에 오면 사랑받고 아이들이 주인공이 되니까 너무너무 행복하게 생각하는 그런 교회 말이다.

예수님을 믿으면 세상이 부럽지 않다. 두렵지 않다. 지겹지 않다. 이것을 '3G 교회'라고 부른다.

    3G 교회는 예수님을 믿었더니 세상이 부럽지 않고, 두렵지 않고, 지겹지 않은 아이들을 키우는 교회이다. 그런 아이들을 키우는 교회라고 자부할 수 있어야 한다. 그것을 목표로 삼고 오늘도 나아간다.

3. 전체 교인들과 지속해서 소통하며 같은 편 되기

　교회학교가 오프라인 모임을 재개하는 데 필요한 준비는 학생들과 교사들에 국한되지 않는다. 도리어 교회 장년들의 분위기가 중요한 역할을 한다. 연일 언론이 교회가 사회적 책임을 다하지 않는 것처럼 공세를 펼치는 현실 속에서 만일 교회가 교인들과 학부모들과의 원활한 연대 없이 교회학교 오프라인 모임을 열었다가는 내부의 반발에 부딪혀서 큰 어려움을 겪을 수도 있다. 그래서 전체 교인들과의 공감이 매우 중요했다.

　게다가 코로나19 확산이 잦아들고 사회적 거리두기 상황이 나아져도 교회 안에는 불안감을 가지고 있는 교인들이 아직 많을 수 있다. 이들을 위해서 안전장치를 강화하고 이를 홍

보하는 노력이 필요하다. 그래서 자체적으로 주보나 게시판 등을 활용해서 교회학교가 얼마나 철저하고 안전하게 방역 조치를 하고 있는지 자세하고 친절하게 알리고 홍보하는 노력을 기울였다.

또한 교인들에게 다음 세대들이 교회에 나오지 못할 때도 가정에서 열심히 온라인예배를 드리고 있고, 만들기나 퀴즈 등 여러 가지 신앙교육에 적극적으로 참여하고 있는지를 보여주는 게 필요하다. 교육은 부서나 나이에 국한되지 않고 전 교회의 사역이다.

온 교회가 다음 세대에 대해서 관심을 두는 일은 매우 중요한 부흥의 열쇠다. 성민교회는 교회학교가 비대면으로 모이지 못하는 기간에도 부서별 가정 활동을 인증사진으로 받아서 장년 예배 광고 시간을 통해 화면으로 송출했다.

그래서 온 교인들이 계속해서 다음 세대에 대해서 큰 걱정이나 불안감 없이 응원하고 지지하며 어려운 시간을 이겨낼 수 있었다. 이러한 분위기를 만드는 가장 중요한 역할은 역시 담임목사라고 할 수 있다.

담임목사가 비대면 기간에도 교회학교 교역자들과 소통하면서 다음 세대의 상황을 챙기고 이들의 상황을 교회에 광고를 통해 알린다. 온라인예배가 진행되는 동안도 계속되어야 할 만큼 중요한 일이며 오프라인 모임을 준비하는데 있어서도 연결 고리 역할을 해주었다.

또한 그중에서도 학부모들과의 소통은 무엇보다 중요한 요소이다. 코로나19가 아직 해결되지 않은 상황에서 오프라인 모임을 모이기 위해서는 가장 필요한 것이 학부모들의 적극적인 협조이다. 이를 위해서는 담당 교역자와 교사뿐 아니라 담임 목회자부터 먼저 학부모들에게 다가가는 노력을 해야 한다.

성민교회는 교회 안에 유튜브 방송을 위한 스튜디오를 만들고 담임목사가 직접 비대면 기간에도 설교 영상과 교회의 준비상황 등을 알리는 영상을 제작하여 매일 학부모들에게 SNS를 통해 전송하는 노력을 하였다. 이러한 노력은 매일 담임목사와 학부모들이 일대일로 마음을 나누고 소통하는 계기가 되었다. 이렇게 한 덕분에 오프라인 모임을 재개할 때 학부모들이 자녀들을 적극적으로 예배에 보내는 조력자가 되었다.

4. 다모여 기도회를 교인들과 함께하기

('다'음 세대 '모'든 '여'름 행사를 위한 기도회)

　교회의 전체적인 분위기는 부서에서 만드는 게 아니다. 온 교회가 만들어야 하고, 그 앞에 담임목사가 있어야 한다. 교사들에게 여름성경학교 강습회를 마치면 티셔츠를 사준다. 그리고 다같이 내일부터 노란색 티셔츠를 입자고 말한다.

　이렇게 입고 다니면 교인들은 무슨 일이 일어나고 있다고 생각하게 된다. "아! 뭘 하는구나!" 뭘 하는지 궁금해하는 것과 모르는 것은 아주 큰 차이가 생긴다. 무엇을 하는지를 알아야 교인들도 아이들을 보내고 휴가도 맞추고 뭘 할지를 생각한다. 그래야 기도도 하고 후원도 하고 응원도 할 수 있다.

　그래서 우리는 '다모여' 기도회를 한 달 전부터 시작한다. 다모여 기도회는 '다'음 세대 '모'든 '여'름 행사를 위한 기도회의 줄임말이다. 이름 그대로 다 모여서 기도한다. 다모여 기도회는 많은 성도들이 참여 가능한 수요예배를 다모여 기도회로 바꿔서 진행하고 있다.

그리고 여름성경학교와 수련회 관련 포스터를 교회 화장실마다 다 붙인다. 이렇게 하면 분위기가 만들어진다. 그러면서 다모여 기도회 첫 주에는 "함께하자!"라고 선포하고 담임목사가 말씀을 전하고 뜨겁게 기도한다.

그리고 두 번째 주부터는 부서마다 주관해서 드린다. 예를 들어 유치부가 주관하면 유치부 아이들, 선생님들, 학부모들이 다 나온다. 그리고 유치부를 위해 기도하는 선교회도 같이 나온다. 우리 교회에도 다른 교회처럼 남선교회, 여선교회가 있는데 다른 교회와 다른 점은 각 선교회와 교육부서를 연결해 기도해주고 있다. 그리고 이분들이 중심이 되어서 부서 부장님이 기도하시고, 담당 교역자가 설교와 기도회를 인도한다.

그다음 주는 어린이부가 주관해서 옷도 맞추어 입고 나오면서 분위기를 맞춘다. 그렇게 청소년부, 청년부가 한 주씩 맡아 찬양과 말씀, 기도를 같이한다.

그러면서 우리는 읽는 기도를 한다. 말 그대로 같이 읽으면서 하는 기도이다. 예를 들어 첫째, 다음 세대의 신앙이 바르게 성장하도록 믿음으로 축복하오니 응답하소서! 하나님만 우리 인생의 목적이십니다. 경배하오니 영광을 받으소서!

두 번째 여름성경학교 준비 과정을 위해 기도하면 성도들이 다음을 읽는다. "목회자와 교사들에게 성령을 부어 주소서! 모든 성민 가족이 기도로 후원하게 하소서! 다음 세대의 마음을 열어주시고 일정 등 참여할 여건을 허락하소서!"

세 번째는 여름 행사 기간을 위해 기도하자고 하면 "코로나19 위험 가운데 안전하게 하소서! 어려움과 불안 가운데서도 하나님의 임재를 체험하는 시간이 되게 하소서! 말씀을 깨달아 기쁨, 은혜가 넘치게 하소서!"

네 번째는 행사 이후를 위해 기도한다. "다음 세대들의 지혜, 신앙이 자라게 하소서! 더욱 뜨거운 성장과 부흥을 경험케 하소서! 비전을 발견하고 달려가게 하소서!" 이런 식의 기도 제목을 가지고 함께 기도한다.

다모여기도회 기도문

1. 다모여 기도회 중에
   - 다음세대의 신앙이 바르게 성장하도록 믿음으로 축복하오니 응답하소서!

- 하나님만 우리 인생의 목적이십니다. 경배하오니 영광을 받으소서!

2. 여름행사 준비 과정에
- 목회자와 교사들에게 성령을 부어 주소서!
- 모든 성민가족이 기도와 후원으로 동참하게 하소서!
- 다음세대의 마음을 열어주시고 일정 등 참여할 여건을 허락하소서!

3. 여름행사 기간 중에
- 코로나19 위험 가운데 안전하게 치러지게 하소서!
- 어려움과 불안 속에서도 하나님의 임재를 체험하는 시간이 되게 하소서!
- 말씀을 깨달아 기쁨과 은혜가 넘치는 시간 되게 하소서!

4. 여름행사 이후에
- 다음세대들이 지혜와 신앙이 계속 자라나게 하소서!
- 온 교회와 부서가 더욱 뜨거운 성장과 부흥을 경험하게 하소서!
- 각자가 자신의 비전을 발견하고 달려가는 힘을 주소서!

5. 다음 세대를 중심으로 교회 달력을 만들라!

교회학교 부흥을 위한 공간 구성은 교회 환경 꾸미기에서 끝나지 않는다. 교인들이 가정에서, 사업장에서 매일같이 바라보는 교회 달력은 다음 세대 중심의 목회 철학을 나누기에 아주 좋은 공간이 될 수 있다.

교회 달력을 제작해서 매월 중심이 되는 메인 이미지 부분에 다음 세대의 활동을 담은 사진을 실어 보자. 그러면 교회의 모든 교인이 우리 교회가 다음 세대가 참으로 많고 활동적인 교회라는 인식하게 된다.

특히나 교회학교 모임이 교회에서 이루어지지 않으면 교인들은 다음 세대 아이들의 활동을 볼 기회가 현저히 줄어들게 된다. 이럴 때 달력 이미지를 통해서 다음 세대의 활동을 보고 아이들에 관한 관심을 높이고 기도와 후원을 끌어낼 수 있다.

그리고 그 달력에 교회학교의 성경학교나 수련회, 초청행사 등의 행사내용을 실어두면 교인들이 그것을 보고 1월의 어린이부 겨울성경학교, 2월의 청소년부 겨울수련회, 3월의 새학기 맞이 다음 세대 축복 특별새벽기도회 등 그달의 교회학교 행사를 미리 알고 기도하며 후원하는 다양한 효과도 볼 수 있다.

특히 다음 세대들의 모습이 다양하게 담겨있는 달력은 한 번 보고 뜯어내는 소모품이 아니라 바로 내 아이들과 우리 교회 아이들의 모습이 담긴 소중한 추억이자 교회의 역사로 인식되기 때문에 단순한 달력이 아닌 소장품으로서의 가치를 갖게 된다.

또한 다음 세대를 중심으로 만든 교회 달력은 일 년 쓰고 버리는 달력이 아니라 계속 모아두고 싶은 우리 교회의 역사요, 우리 아이들이 커가는 앨범의 역할을 한다. 성민교회는 교회 달력을 제작하면서 매월 중심 이미지로 다음 세대의 행사와 활동을 담은 사진을 게시하여 온 교인들에게 좋은 반응을 얻고 있다.

3장

예산은 최소화,
그러나 다음 세대를
주인공으로 만드는 일들

1. 다음 세대의 얼굴과 이름을 알려라

모든 교회가 다음 세대 부흥을 꿈꾼다. 하지만 실질적인 내년도 계획에서 다음 세대가 차지하는 비중은 미약하기만 하다. 제대로 된 인력도 배치해주지 않고 예산도 형편없이 부족하다. 그러면서 결과만 가져오라고 담당자들을 닦달한다.

이런 환경에서 다음 세대가 저절로 부흥할 것이라는 생각은 구세대적인 발상이 아닐 수 없다.

먼저 교회가 해줄 수 있는 것이 무엇인지 차분하게 돌아봐야 한다. 그리고 크게 예산이 들지 않는 것부터, 그리고 인력 소모를 최소화하면서 할 수 있는 일들부터 찾아내서 실천해 나가야 한다.

교회가 다음 세대에 관심을 보이는 가장 중요한 초점은 다음 세대를 인정하고 알아주는 것이다. 그러려면 교인들이 우리 교회의 다음 세대가 어떤 아이들인지 알아야 한다. 적어도 얼굴과 이름, 간단한 기도 제목이나 장래 희망 정도는 알고 있어야 아이들에게 밝게 다가가서 인사할 수 있고 말도 걸어줄 수 있다.

그래서 성민교회는 본당 예배실 바로 옆 공간에 다음 세대 표를 붙였다. 여기에는 0세부터 29세까지 영아부부터 청년부의 부서별 다음 세대 모든 아이의 사진과 이름, 간단한 설명을 기재했다.

이 표를 붙인 이후부터 교인들은 본당을 오갈 때마다 이 표 앞에 서서 우리 교회 다음 세대들의 얼굴과 이름을 살피고 아이들을 위해서 잠깐씩 기도한다.

처음에는 자신의 가정에 있는 자녀나 손자녀들을 먼저 찾아보고 뿌듯해하는 모습을 보였지만 시간이 지날수록 우리 교회의 모든 다음 세대를 품고 기도하기 시작했다. 이러한 시도는 큰 예산을 들이지 않고도 다음 세대에 관한 관심을 높여줄 수 있는 좋은 방법이다.

이 표는 연초에 설치하지만 다음 세대 아이들이 전도되어 올 때마다 계속해서 내용을 늘려간다. 그러면 장년들이 교회학교 학생들이 점점 늘어가는 모습을 볼 수 있어서 더욱 관심이 가고 다음 세대를 위한 배려를 더욱 강화하는 촉진제가 된다.

또한 분기별로 사진과 내용을 바꿔주면 빠르게 성장하는 아이들의 변화되는 모습도 볼 수 있어서 교회 전체에 생동감을 불어넣어 준다.

2. 교사의 얼굴과 이름을 잘 보이는 곳에 알려라

　교회학교가 성장하려면 각 부서가 힘을 받아야 한다. 이를 위해서 가장 중요한 것은 좋은 교사가 확보되고 그 교사들이 보람을 느끼며 부서에서 오래도록 봉사하는 것이다.

　그런데 현실적으로 교회학교에서 봉사하는 교사들은 교인들이 봉사 여부를 잘 모를 수밖에 없고, 고립되어 봉사하는 느낌을 받기가 쉽다. 그래서 늘 수고하면서도 보람을 느끼기 어려운 사역이 교사 봉사이다. 따라서 교회학교 교사들이 힘을 내서 사역할 수 있도록 본당 가까이 잘 보이는 곳에 교회학교 교사 표도 만들어서 붙이는 것이 좋다.

　교사 표를 만들 때는 부서별로 교사들의 화기애애한 모습을 보여주는 사진을 찍어서 교사 명단과 함께 게시한다. 이때 교사 표의 부착 위치는 다음 세대 표와 서로 마주 보게 하는 것이 좋다.

그래야 교사들의 시선과 다음 세대의 시선이 만나서 서로를 존중하고 배려하며 사랑하고 따르는 관계를 보여주는 공간 구성이 완성된다.

성민교회는 이 교사 표를 게시한 이후로 교사들의 사기가 높아지고 교회 안에서도 교사들에 관한 관심이 높아졌다.

그리고 교사를 지원하는 교인들의 수가 많아지고 교회의 여러 가지 행사나 선거 등에서 교사들이 소외되는 일도 없어졌다. 이러한 교사의 사기 진작은 그대로 교회학교의 부흥으로 이어졌다.

3. 다음 세대 예배 시간을 9시에서 11시로 옮겨라

지금 교회의 시간표를 확인해 보라. 유치부의 예배 시간은 몇 시인가? 유년부는? 초등부는? 중고등부는? 아직도 주일 아침 9시경에, 또는 그보다 더 이른 시간에 모이는 다음 세대 예배가 많이 있다.

그러나 이는 주중에 학교와 학원 등 학업에 시달리던 다음 세대들이 주로 주말에 여가활동을 즐기고 늦잠을 자는 현실에 비추어 보면 너무도 가혹한 일이다.

실제로 다음 세대에게 주일 오전 9시 예배는 새벽기도회 시간이나 다름없다. 그렇다면 왜 이렇게 이른 시간에 다음 세대 예배를 드려야 할까? 그것은 교사들을 비롯한 장년들이 주로 주일예배를 오전 11시대에 이른바 '대예배'를 드려야 하기 때문이다.

결국 어른들의 예배 생활을 위해서 다음 세대들이 희생을 하는 것이다. 많은 교회가 이러한 시간대를 오랜 전통으로 못 박아 놓고 있어서 다음 세대들이 교회에 나올 시간을 원천적으로 막고 있다.

오전 9시대에 시간을 맞춰 교회에 제대로 출석할 수 있는 다음 세대는 실제로 많지 않다. 아무리 교회에 가까이 살아도 주일 오전 8시에는 일어나야 하고 교회에서 조금 떨어진 곳에 산다면 오전 7시에는 일어나서 준비해야 제시간에 교회에 올 수 있다는 얘기가 되는데 이는 다음 세대들에게 너무 심한 요구가 아닐 수 없다.

성민교회의 경우 다음 세대 예배가 전 부서 주일 오전 11시로 옮겨진 뒤로 우리 교회의 풍경은 완전히 달라졌다.

다음 세대 예배자가 수적으로 많이 늘어나게 되었으며, 교회학교의 전도가 가능해지면서 새 친구들이 눈에 띄게 많아졌고, 다음 세대 아이들이 주일예배 후에 교회에서 점심을 먹으면서 교회의 일원으로서의 멤버십을 갖게 되었으며 다음 세대들을 대상으로 한 주일 오후 프로그램이 가능하게 되었다.

이러한 변화 속에서 성민교회의 다음 세대는 이전과는 완전히 다른 분위기로 주일을 맞이하고 있다. 그렇다면 이런 변화의 내용이 무엇인지 좀 더 구체적으로 살펴보도록 하자.

결과1. 수적 성장을 이룬 다음 세대로

　이것은 너무도 당연한 결과였다. 늦잠을 자서 나오지 못하는 아이들이 없어지면서 모든 부서의 모든 반에서 출석률이 높아졌다. 장기결석자들이 사라지고 특히 부모님과 함께 나오는 아이들의 출석이 눈에 띄게 좋아졌다.

　전에는 부모님들이 주일 오전 9시에 아이들을 차로 태워다 주고 다시 집에 갔다가 오전 11시에 다시 장년 예배에 나오는 번거로움이 있었는데 이제 온 가족이 같이 교회에 나올 수 있게 되었으니 그 편리함은 이루 말로 다 할 수가 없다.

　이러한 효과는 새신자의 정착에도 크게 도움이 되었다. 이전에는 한 가정이 등록하면 자녀들은 주일 오전 9시 교회학교 예배에 나오고 부모들은 11시 예배에 나오느라 두 번 세 번씩 교회에 왔다 갔다 해야 하는 불편이 있었다.

　그러나 이제는 온 가족이 같은 시간에 예배드릴 수 있게 되어서 가족 단위의 새 신자들이 교회에 정착하는 비율이 높아졌다.

결과2. 전도하는 다음 세대로

예전에는 아무리 전도를 하려고 해도 새 친구가 주일 오전 9시에 교회를 나온다는 것은 실제로 매우 어려운 일이었다. 그래서 전도를 해도 효과가 매우 미미했다.

그러나 다음 세대 예배를 주일 오전 11시로 늦춘 이후에는 전도가 매우 활발하게 이루어졌다.

특히 성민교회는 매주 수요일 오후 2시부터 교회 앞에 있는 사하초등학교 어린이들이 하교하는 시간에 맞춰서 학교 앞 전도를 하고 있다. 이때 복음을 제시하고 교사들이 직접 튀긴 치킨과 감자튀김 등 간식을 제공하고 있다.

전에는 이러한 활동을 꾸준히 해도 학교 앞 전도가 새 친구의 등록으로 이어지지 못했다. 그러나 시간을 옮긴 후에는 수요일 학교 앞 전도에서 만난 어린이들이 주일에 교회에 출석하기 시작하면서 전도가 매우 활기를 띠게 되었다.

결과3. 식탁 교제가 가능한 다음 세대로

예전에는 오전 9시에 와서 예배드리고 나면 오전 10시쯤 자연스럽게 집에 가는 분위기였다. 교회에 남아있으려고 해도 11시에는 장년 예배가 있어서 마땅히 있을 곳도, 할 일도 없었다.

하지만 오전 11시에 주일예배를 드리게 된 후에는 예배 후에 자연스럽게 점심을 먹고 있다. 교사들과 학생들이 함께하는 점심은 어른과 다음 세대 모두가 한 성민교회 안에서 만나는 한 가족이라는 것을 자연스럽게 느끼게 해주었다.

또한 식사 시간을 이용해서 요리 만들기, 아빠와 함께하는 요리 시간 프로그램 등의 다채로운 활동들을 해볼 수 있는 환경이 조성되었다. 아빠들과 함께하는 요리 장기자랑은 우리 어린이들이 가장 좋아하는 시간이 되었다.

결과4. 교회에서 오랫동안 머무는 다음 세대로

예배를 드리고 점심을 먹었으니 이제 소화를 시킬 시간이다. 다음 세대들은 소화를 시키기 위해서 신체적, 정서적 활동이 필요하다.

그래서 청소년부실 바닥을 나무 마루로 바꾸고 탁구대 4대를 설치해서 탁구장을 만들었다. 그리고 탁구 라켓과 탁구공 등을 갖춰서 누구나 원하는 대로 탁구를 할 수 있게 했다.

또한 청소년들이 이 시간에 보컬 레슨과 전자 기타, 베이스 기타, 키보드, 드럼 등 악기 레슨을 받을 수 있도록 외부 강사를 연결해서 취미활동을 할 수 있도록 했다. 그리고 이 시간에 레슨을 받은 청소년들은 차츰 청소년예배에서 찬양팀으로 봉사하도록 유도했다.

식사 후에 청소년들이 악기 레슨을 받기 시작하면서 교회 안에 멋진 악기 소리가 울려 퍼지기 시작했고, 운동하는 아이들의 활기찬 기운이 가득해서 교회에 활기가 넘치게 되었다.

4. 예배와 공과, 순서를 바꿔라

　코로나19로 교회에 나오지 않던 시간을 길게 보낸 다음 세대들을 오프라인 현장에서 맞이하기 위해서는 예배와 공과 시간의 순서도 바꿔볼 필요가 있다.

　현재 많은 교회에서 교회학교 모임 시간에 먼저 예배를 드리고 나중에 반별로 모여서 공과 공부를 한다. 왜 그렇게 해야 할까? 딱히 특별한 이유는 없다.

　대부분의 교회와 부서에서는 그동안 그렇게 해왔기 때문에 그렇게 할 것이다. 담당 교역자들이 어릴 때도 그렇게 해왔고 부장과 교사들이 교회학교에 다닐 때도 그렇게 해왔기 때문에 으레 그렇게 하는 것이다. 그러나 아무 생각 없이 그렇게 하는 동안 많은 폐단이 있었다.

가장 큰 문제점은 예배가 시작하는 시간에 학생들이 거의 없다는 사실이다. 코로나19 이후 다음 세대들의 주일 출석 시간은 점점 더 늦어지는 추세이다. 현재 교회학교의 현실은 예배가 시작될 때 약 25% 정도의 학생만 출석한 상태이다. 나머지 75%는 예배 중의 한 명씩 나타난다. 그러면서도 미안한 줄도 잘못한 줄도 모른다. 모두가 그렇게 늦기 때문이다.

그렇다면 이러한 문제를 해결할 방법은 없을까?

성민교회는 과감히 예배와 공과 학습의 순서를 바꿨다. 주일에 먼저 공과 학습을 하고 예배를 나중에 드리기 시작했다. 이렇게 하면 주일 아침에 학생들이 늦는 문제점을 해결할 수 있다.

학생들은 대그룹으로 드려지는 예배 시간에는 자신이 대중 가운데 한 명이기 때문에 늦어도 별로 죄책감이 없고 별로 개의치 않는다. 그러나 4~5명이 모이는 소그룹 또래 모임에서는 지각하면 눈치가 보인다. 그래서 되도록 늦지 않으려고 노력한다.

또한 이 방법은 교사들의 지각도 막을 수 있다. 교사가 늦으면 그 반은 아예 공과 학습을 할 수 없으므로 교사가 늦을 수 없는 구조이기 때문이다.

그리고 일반적으로 예배 후에 공과 학습을 하면 교사의 재량에 따라서 공과 학습 시간이 제각각의 모습으로 진행된다. 제대로 공과를 열심히 전하는 교사도 있지만, 준비가 잘 안 된 교사들은 아이들을 데리고 나가서 간식으로 때우기 일쑤다.

주일 아침 교육부서

10:30 교사 경건회

11:00 반별 공과학습

11:30 다함께 찬양

11:50 부서별 주일예배

12:20 광고와 축하

일단 예배가 끝난 후에 진행되는 공과는 교사들도 아이들도 해이해지기 쉽다. 그러나 예배 전에 공과 학습을 먼저 하면 모든 교사가 일정하고 주어진 시간에 정해진 내용을 잘 진행하게 된다. 따라서 공과 학습의 질적인 수준이 높아진다.

또한 예배가 시작될 즈음에는 거의 모든 학생이 출석을 완료한 상황이기 때문에 예배 시간에 드나드는 사람 없이 예배에 모두가 집중할 수 있다. 그리고 예배 시간에 뒤에 앉아서 공과책을 뒤적거리는 교사들도 역시 없어진다. 이미 공과가 끝난 후에 예배가 시작되기 때문이다.

게다가 가장 좋은 점은 학생들이 그날 예배를 통해 선포된 하나님의 말씀을 품고 곧바로 삶의 터전으로 나갈 수 있다는 사실이다. 이러한 점에서 예배 시간과 공과 시간을 바꿔서 공과 시간을 먼저 갖고 예배를 나중에 드리는 변화를 시도하는 것은 교회학교 부흥을 이루는 시간 기획에 획기적인 역할을 할 수 있다.

4장

교회학교 교사들의 수고를 아나요?

1. 우리 교회에 올 이유를
분명하게 만드는 두 가지 비법

우리 교회의 다음 세대 수는 장년 대비 30%를 넘고 있다. 잘난 사람도 없고 뭔가 부족해 보이는데, 그리고 지방인데 아이들이 교회를 찾는 이유는 무엇일까?

우리 교회에 나오는 아이들은 행복한 얼굴이다. 그래서 많은 분이 궁금해한다.

"성민교회 요즘 다음 세대 많다는데. 요즘 같은 때 인원이 늘고 예산이 늘고 어떻게 한 거지?"

그런데 이런 궁금증의 핵심 질문은 '어떻게 데려올까?'가 아니다. 많은 분이 아이들을 잘 데려오는 줄 알고 있다. 데려오는 게 아니라 핵심은 바로 '어떻게 잘 키울까?'이다.

우리 교회는 늘 '어떻게 잘 키우지? 어떻게 하면 아이들이 행복하지?' 이걸 생각한다. 많은 분이 좋은 목회자 한 명, 그냥 설교 잘하는 목사, 전도사 한 명 부임하면 교회가 부흥하는 줄 안다. 그렇지 않다. 젊은 교사 몇 명 오면 부흥할 줄 아는데 그렇지 않다. 어떤 교회에 아이들이 모이는가? 핵심은 복음과 사랑이 있는 교회에 아이들이 온다.

생각해보라. 어린이들이, 학생들이 교회에 올 이유를 알고 있으면 교회에 빠지지 않는다.

왜 교회에 와야만 하는가? 교회에 와야 구원받고, 교회에 와야 천국 가는 이유가 뭐냐? 그게 복음이다.

그런데 문제는 어떤 교회에는 이것만 있다는 것이다. 복음은 있는데, 사랑이 없다. 아이들이 교회에 머물게 하려면 복음과 함께 사랑을 느껴야 한다. 그래야 교회에 머문다. 사랑을 느껴야 다른 교회가 아니라 '우리' 교회에 온다.

그래서 교사는 어린이들이 교회에 올 이유를 바르게 알려줘야 한다. 그런데 이것을 알려준다고 할 때 '방법'이 필요한데 이것은 '경험'을 통해서만 알 수 있다. 사랑을 경험해야만 교회에 남는다.

그런데 위의 설명과 마찬가지로 사랑만 있어도 부족하다. 왜냐하면, 교회에 와야 할 이유를 깨닫는 것이 복음에 대해 아는 것이기 때문이다. 그러므로 사랑을 통해 복음을 경험해야만 아이들은 교회를 찾게 된다.

생각부터 바꿔라

어떻게 데려올까?가 아니다.
어떻게 하면 아이들이 행복할까?를 생각하라

복음과 사랑이다

교회와야 할 이유를 안다는 것이 복음이다.
사랑받으면 아이들은 교회를 떠나지 않는다.

특별히 이 코로나 시대에 어떤 사랑인가? 그것은 "환대와 희생"이다. 환대는 쓸데없이 과한 사랑이다. 어떤 관계는 "아, 이 정도는 사랑받아도 마땅해."라고 생각할 때가 있다.

예컨대 사회생활을 할 때 '호의는 돼지고기까지다.'라는 말이 있다. 돼지고기까지는 누구나 쉽게 부담 없이 사줄 수 있다. 그러나 아무것도 하지 않았는데 소고기 사주는 것, 그것이 바로 환대가 깃든 사랑이라 말할 수 있다.

게다가 환대는 계산이 없다. 그래서 처음에 이와 같은 환대를 받으면 어색하다. "이거 뭐지?" 경계하게 된다. 그런데 지속해서 받게 되면 마음의 벽이 무너진다.

여기에 또 하나를 추가해 보자. 희생은 남는 걸 주는 게 아니다. 자기의 가장 중요한 걸 내어주는 것이 희생이다. 우리가 사랑한다고 하면서 내 거 챙기고, 내가 그래도 좀 남으면 "어? 이거 누구 줄까?" 하고 생각한다. 이건 희생이 아니다. 환대가 그 사람에게 넘치게 주는 것이라고 한다면, 희생이란 내가 손해 보며 주는 것을 말한다.

우리는 환대와 희생을 생각할 때 예수님을 생각한다. 예수님이 주신 사랑은 아가페(Agape)인데 그 아가페는 구약의 헤세드(hessed)에서 왔다. 헤세드는 자격도 없고 받을만한 사람이 아닌데 그냥 주는 것, 그게 환대이다.

그런데 예수님은 목숨까지 우리에게 주시기까지 희생하셨다. 예수님이 우리에게 환대와 희생을 주셨기 때문에 우리가 예수님을 믿고 있다.

그렇다면 이제 우리가 해야 할 일이 무엇인가?

우리가 다음 세대에게 환대와 희생의 사랑을 줘야 할 차례이다. 환대와 희생의 이야기를 누가복음 10장의 선한 사마리아인의 비유에서 다시 한번 살펴보고자 한다.

어떤 사람이 예루살렘에서 여리고로 내려가다가 강도를 만났다. 여리고에서 예루살렘으로 가는 길은 출세하는 길이고, 잘되는 길이지만 예루살렘에서 여리고로 가는 길은 어떤 길일까? 예루살렘은 해발 760m이고, 여리고는 해저 250m로 바다보다 낮은 길이다. 그래서 높이만 1km 차이가 나고 걸어가면 36km 차이가 난다. 거기에 400년 동안 길이 꼬불꼬불하기 때문에 도적들이 숨어 있다가 자주 나오는 땅이다.

마치 위기의 때를 살고 있는 우리와 아이들의 상황과 비슷하다. 아이들도 내려가고, 우리도 내려가고 있다. 되는 일이 없다. 이럴 때 우리는 과연 어떻게 해야 한단 말인가.

그런데 여기서 더 절망적인 상황은 강도를 만났다는 것이다. 마치 코로나 확진에 걸리거나 또 어떤 분들은 코로나에 걸린 뒤 합병증으로 지금까지 쌓아온 것이 모두 사라졌다. 건강이 사라지고, 재산이 사라지고, 손쓸 수 없을 정도가 되었다. 강도들이 그렇게 거의 죽은 것처럼 만들어 버렸다.

그런데 원문에는 "아주 예외적으로"(with great exception)라는 말이 들어 있다. 이 말은 원래 죽어야 하는데 예외적으로 아직 안 죽었다는 것이다. 이것이 중요하다.

문제가 와서 교회가 죽고 사회가 죽고 가정이 죽은 것처럼 보이지만 예외적으로 살아남은 것이 있다는 것이다. 이게 소망이다.

교회가 끝난 것 같고 가정이 끝난 것처럼 보이지만 아니다. 아이들이 학교에 못 가고 학력이 떨어지면 꿈이 사라지는 것처럼 느낀다. 세상은 아무도 책임지지 않는다. 죽은 것 같으면 죽게 내버려 둔다. 이것이 세상이다. 그런데 어떤 사람들이 등장한다.

첫 번째, 등장한 사람은 제사장이다. 제사장은 매일 피를 보는 사람이다. 제사를 드리기 위해서 맨날 피 툭툭 흘리고, 자르고, 각 뜨고. 불태우는 역할을 하는 사람이다. 그런데 피를 보니까 두려워한다. 동물의 피가 아니라 사람의 피다. 다른 사람의 아픔을 느끼기에 너무 두려운 거다.

우리는 어떤가? 피를 다루는데 정작 남의 아픔에는 둔감한 사람. 지금 이 제사장은 그런 사람이다. 그러니까 내가 동물은 마음껏 죽이는데, 이 동물이 왜 죽는지를 모른다.

수없이 많은 제사를 집례했는데 한 번도 동물이 죽은 것에 대해 가슴 아파하지 않는다. 그냥 일이라 생각하고 한 것이다. 이 동물은 내가 지은 죄 때문에 죽는 것인데 가슴 아파하지 않았다. 그러다 이렇게 길에서 쓰러져 피를 흘리는 사람을 보니 감당을 하지 못하는 것이다. 그러니 피한다. 그냥 옆으로 지나간 것이 아니라 완전히 먼 곳으로 돌아갔다.

많은 선생님들이 아이들이 내 말을 정말 눈을 초롱초롱 뜨고 잘 들어주기를 원한다. 내가 말한 서론, 본론, 결론을 달달 외워주기를 원한다. 그러나 그런 아이들은 없다. 없을 정도가 아니라 앉아서 집에 갈 때까지 한마디도 안 하고 괜히 말하면 퉁명스럽게 말하는 그런 아이들, 그리고 빨리 끝내 달라는 암묵적인 사인을 보내는 아이들 투성일테다.

이런 모습이 어쩌면 교사들에게는 내가 보고 싶지 않은 모습, 익숙하지 않은 모습일 수 있다. 이 모습이 아이들이 피를 흘리는 모습이다. 아이들이 교회에 오기까지 힘들었던 마음, 억울한 마음, 아팠던 마음, 그 마음을 읽어줘야 한다. 그런데 제사장처럼 관심 없어 하지는 않았는가.

두 번째, 레위인 같은 교사가 나온다. 레위인도 제사장과 같이 하나님을 사랑하고 이웃을 도우라고 가르치는 자들인데 제사장처럼 똑같은 모습을 보인다. 이것이 현실이다.

제일 믿었던 사람들이 외면하고 돌아설 때 아이들은 상처받는다. 선생님은 나랑 다를 줄 알았는데 나에게 등을 돌리고 떠나는 선생님을 보는 아이들은 아파한다.

아이들은 우리에게 도움을 요청한다. "나 좀 도와주세요. 나 좀 도와주세요." 우리는 도와준다고 달려가는데 마음과 다르게 상처 입은 모습을 보면 도와주는 게 만만치 않다. 그래서 제일 많이 쓰는 말이기도 하다. 기도하지 않는다는 게 아니다.

기도한다는 말에 적극적인 행동이 필요하다. 그렇지 않으면 아이들은 안 도와준다고 생각한다. 그래서 상처 위에 죄책감, 염려, 불안을 쌓는다. "야, 너 같은 건 하나님이 기도 안 들어줘. 웃기지 마." 이런 생각이 아이들의 마음에 생기기 시작한다.

그러니 선생님이 말해도 믿지 못하고, 목사님이 아무리 하나님이 널 사랑한다고 말해도 "에이, 그럴 리가 없어."라고 생각한다. 왜냐하면, 지금까지 사랑을 못 받아서 그렇다.

상처가 많으면 불신이 생긴다. 그리고 불신하면 단절된다. 하나님과 단절되고 교회학교 선생님과 단절되고 친구들과 단절된다. 단절되면 고독해지고 그러면 결국 불신만 남는다. 그래서 안 되는 것이다.

세 번째, 사마리아 사람이 나온다. 사마리아 사람은 유대인들이 생각할 때 이방인 종보다 못하게 여기는 사람이다. 인정도 받지 못하고 사람으로 생각하지도 않았다.

오늘날 사마리아 같은 선생님은 교사를 하기에 나는 좀 부족하다, 나는 자격이 없다고 생각하는 분이다. 나는 교사로 봉사하기에는 조금 아직은 교회에 적응이 덜 됐고, 나는 아직은 배운 게 좀 부족하고, 아직은 믿음이 연약하다고 생각하는 사람이다.

그런데 이 사람이 강도 만난 사람을 보고 불쌍히 여긴다. 불쌍히 여긴다는 것이 헬라어로 '스프랑크니조마이'(splanchnizomai)인데 이 말은 내장이 뒤틀리고 끊어질 정도로 아픔을 느낄 때 사용한다.

우리말로 하면 '애절하게' 생각한다는 말이다. '애'는 창자 '애'이고, '절'은 끊어진다는 것이다. 분명히 원수 같은 사람이 맞아 죽은 상황인데 그것을 보면서 불쌍히 여겼다는 것이다.

그리고 가까이 가서 기름과 포도주를 상처에 그냥 "어? 아프네? 쓰러졌네?"가 아니다. "아, 상처가 났구나." 그 아픈 데를 봐주는 사람이 교사이다.

교회에 와서 한마디도 안 하고 앉아 있는 아이가 아픈 아이다. 아이들은 아플 때 말하지 않는다. 그런데 내가 설교하면 아이들이 조용할 것 같은데 그렇지 않다. 쑥덕쑥덕 시끄럽다. 정말 많이 떠든다. 이게 안 아픈 아이들의 특징이다.

그런데 아픈 아이들은 말이 없다. 그러면 말씀을 가르쳐 주는 게 아니라 아픈 아이들을 안아줘야 한다. 지금 설교가 중요한 게 아니다. 안아줘야 한다. 안아주고 상처를 보듬어 줄 필요가 있다.

교사가 이 어려운 때에 왜 필요한가? 상처를 봐주고 안아주는 사람이 필요하기 때문이다. 상처에 기름과 포도주를 부어주면 치료하는 것이고 고통을 덜어주는 일이다.

잠시이지만 그래도 아이들이 교회에 오면 그 고통이 좀 줄어들 수 있어야 한다. 그래서 교사가 있는 것이다. 이것이 환대의 정신이다.

그런데 사마리아인은 자기 짐승에 태우고 돌봐준다. 이것이 희생이다. 피투성이인 사람을 자기 짐승에 태우는 것부터가 희생이다. 내가 타고 가야 할 자리에서 내려와, 내 자리를 내어주는 것 그게 큰 희생이다.

그리고 더 큰 희생은 내가 가야 할 길, 하고 싶은 일이 있지만 아픈 사람을 위해서 멈추는 것이다.

아픈 사람을 우선순위로 삼아서 그 사람에게 내 삶의 방향을 맞춰 주는 것. 그래서 그 사람이 살아나는 것이 교사가 있는 이유이다. 한 생명을 살리기 위해 삶의 방향을 전환하는 것 이것만큼이나 의미 있는 일이 무엇이 있겠는가?

2. 아이들을 어떻게 대해야 할까요?

　인간을 어떻게 보느냐는 교사가 아이들을 어떻게 대하는지와 깊은 연관이 있다. 고대의 인간관은 신이 인간을 우연히 만들었다.

　로마 신화에 따르면 근심이라는 신이 길을 가다가 흙을 보니까 너무 좋아 보여 흙으로 요렇게 저렇게 모양을 만들었다. 그런데 생명이 없으니깐 하늘에 있는 제우스에게 숨을 불어 달라고 해서 인간이 되었다.

　그런데 문제는 그때부터 인간을 두고 근심이라는 신과 땅과 하늘이 싸우기 시작하면서부터다. 인간이 흙으로 만들어졌으니 땅은 자기 것이라고 하고, 하늘은 인간에게 숨을 줬으니 자기 것이라고 하고, 근심은 자기가 만들었으니 자기 것이라 한다.

그래서 판결의 여신이 판결하길, 인간은 살아있는 동안에는 근심하다가, 죽으면 땅에 묻히니 흙이 가져가고, 영혼은 하늘로 돌아가게 했다고 한다.

시대가 바뀌면서 현대인간관으로 오면 또 달라진다. 현대 인간관은 찰스 다윈의 영향에 따라 인간을 진화된 동물로 본다. 그런데 진화는 결국 경쟁이다. 살아남기 위해 변형하는 것이다.

프로이트는 인간을 성적인 존재로 이해했다. 인간을 보는 모든 시각이 성(性)이다. 또한 칼 마르크스는 경제적 동물로 이해했다. 돈을 위해 무엇이든 하는 인간으로 이해했다.

그런데 이러한 인간관은 강도 만나 죽을 인생밖에 되지 못한다. 이 땅에서 서로 경쟁하다가 서로 성 밝히다가 서로 돈 밝히다가 서로 죽고 죽이는 존재. 이것이 현대 인간관이다.

이러한 현실 가운데에서 교사들이 어떻게 아이들을 대해야 하는가? 어떻게 아이들에게 세상을 가르쳐야 하는가? 어떻게 말씀을 입증해야 하는가? 그것이 바로 성경의 인간관이다.

성경의 인간관은 인간을 하나님의 형상이라고 말한다. 하나님의 형상은 하나님의 본심, 하나님의 진리, 하나님의 모든 것을 가지고 살아가는 존재. 하나님이 정말 사랑하시고, 하나님이 하나님 자녀 삼으시는 존재라는 걸 가르친다.

그래서 아이를 볼 때마다 하나님의 꿈, 하나님의 미래, 하나님의 비전, 하나님의 진실함, 진정성이 있는 소중한 아이로 보는 것이다.

교사는 하나님의 형상으로 창조되어 있기에 인간을 볼 때 영적인 존재라는 것을 기억해야 한다. 사람은 하나님과의 관계를 통해서만 알 수 있다.

성경적 인간관의 첫 번째 특징은 영원을 지향한다는 것이다. 인간은 이 땅에서 70, 80, 100년을 사는 것으로 만족하지 못하고 영원을 지향한다. 호랑이는 죽어 가죽을 남기고 인간은 죽으면 이름을 남긴다는 말이 있다.

이름을 남기자는 말이 무엇인가? 죽으면 끝이 아니고 의미를 찾는다는 것이다. 어른들은 의미 있는 일을 찾지만, 아이들은 재미있는 일을 묻는다. 이게 영원 지향성을 가진 인간의 특징이다.

둘째로 인간이 하나님의 형상이라고 하는 것은 신성 지향성이 있다는 뜻이다. 이 말은 하나님과 관계하기를 원한다는 것이다. 그래서 인간은 하나님을 알고 싶고, 하나님께 은혜를 받고 싶다고 생각하는데 그것이 하나님과 연관되어야 행복하다는 것이다. 나 혼자서는 행복할 수 없고 하나님이 있어야 가능하다는 것이다.

셋째로 하나님의 명령을 받아 인간은 다스림의 욕구가 있다. 이 욕구가 건강하게 발현되면 사명을 찾게 된다. 내가 아이들을 책임지고 헌신하는 것이 사명이다.

나 혼자 잘 먹고, 잘 살려고 해도 피곤하고 힘든 인생인데 사마리아인처럼 환대와 희생을 통해 다른 사람을 살리려고 하는 것, 이런 마음이 있는 사람이 교사이다.

그래서 내가 만나는 아이들, 학생들은 그냥 보통 존재가 아니라 하나님의 형상으로 창조되었기 때문에 귀하다.

세상에서 사람을 어떤 식으로 판단하고 평가하는가? "얘는 백 원짜리, 나는 이백 원짜리니깐 얘 안 가르쳐." 이렇게 말한다. "얘는 삼백 원 정도는 되는 것 같으니까 곁에 둬야겠다. 얘는 십 원짜리. 야, 넌 집에 가라." 이런 식으로 계산하는 사랑이 다 에로스적인 사랑이다.

그런데 하나님의 사랑은 인간을 아가페로 사랑하신다. 아가페는 가치를 부여하는 사랑이다. 이 아이가 지금 오십 원이던, 백 원이던 이 아이는 하나님 형상이므로 그 형상 안에 담겨있는 이 아이의 앞날을 바라본다.

겉으로 보이는 것이 아니라 그 안에 숨겨져 있는 어마어마한 생명력과 가치를 본다. 그러니깐 모든 사람을 귀하고 사랑해야 한다고 가르친다. 그것이 하나님의 가치다.

내가 가르치는 아이들의 손을 생각해보자. 지금 이 아이의 손으로 할 수 있는 것은 별로 없을지 몰라도 이 아이를 통해 이루실 하나님의 일은 어마어마하다. 어떤 아이의 손은 사람을 살리는 귀한 글을 쓰고, 하나님을 찬양하는 음악을 지휘하고 연주하고 반주하고 함께 만들어 낼지 알 수 없다.

또 어떤 사람은 자기가 가진 것을 나누어 주면서 예수님을 증거할 지 모른다. 이 아이들의 작고 부드러운 손이 우리가 상상하고 기대하지 않은 그것을 뛰어넘어 위대한 하나님의 역사를 이루는 데 쓰일 것이다.

마찬가지로 우리의 손도 그렇다. 내 손이 어떤 손이 될지 미리 속단하지 말아야 한다. 하나님이 어떻게 나를 통해 역사하실지 기대해야 한다.

물에 커피를 타면 맛있는 커피가 되고, 얼리면 얼음이 된다. 물을 끓이다가 라면을 넣으면 맛있는 라면이 되고 무엇이든 만들 수 있다.

내가 맡은 아이가 곧 초등학생이 되고, 중학생이 되고, 고등학생이 된다. 교사를 하면 부모만 느낄 수 있는 뿌듯함이 생긴다. 아이가 자라는 모습을 볼 수 있는 사역은 얼마나 큰 복인지 모른다. 유일하게 교회학교 교사만 아이의 성장을 바라볼 수 있다.

3. 부정적인 생각을 바꿔준 교회 선생님

    좋은 신앙이라고 할 때 먼저 세로축은 영성의 축으로 하나님과 바른 관계를 뜻한다. 그런데 이것만 있으면 안 되고, 가로축이 필요하다. 바로 인격의 축이다. 인격의 축은 사람을 통한 관계 형성이다. 그래서 신앙이 좋다고 하는 말은 영성이 좋고, 인격이 좋은 것을 의미한다.

    그런데 교회학교 선생님의 역할은 인격의 축을 맡는 것이다. 반별 공과 학습 시간에 이것을 책임지는 것이다. 학습 시간에는 가르치는 게 아니라 인격적인 감화를 주는 것이다.

    적어도 '교회 가면 나를 기다리는 분이 있다. 나는 이분 때문에라도 이 교회에 가야 해. 난 이분 때문에라도 우리 부서 가야 해.' 이런 마음이 아이들에게 있으면 성공한 것이다.

내가 매년 찾아뵙는 선생님이 계시는데 그분은 박천학 선생님이다. 이 선생님을 왜 사랑하냐면 이 선생님은 내가 중학교 1학년 때 우리 반 교회 선생님이었다.

그런데 우리 반이 얼마나 엉망진창이었냐면 한 놈이 화장실 간다고 도망가면 한 놈이 따라간다. 그러면 또 다른 한 명이 데리러 간다. 그러니 뭐가 되겠는가. 그런데 한 놈이 피아노를 치기 시작하면 한 놈이 노래를 부른다. 이게 중학생이다. 정말 내가 그때 생각해도 답이 안 나왔는데 이 선생님이 1년을 더 하시겠다고 자원을 하셨다.

그리고 중학교 2학년을 맡으셨다. 그때 나와 내 친구들은 생각하길 "이분은 뭔가 다른데?"라고 잠시 생각했었다. 하지만 그래 봤자 다시 개판으로 돌아갔다.

그런데 중학교 3학년 때 또 담임을 맡으셨다. 이쯤 되니깐 우리의 자세가 조금씩 달라지기 시작했다. "선생님, 그런데요, 저희 시험 기간인데 공부가 잘 안 돼요." "그래? 뭐가 안 되는데?" "수학이요?" "그래? 가지고 와 봐." 이분이 은행을 다니셨는데 그때 수학을 가르쳐주셨다.

그러다가 고등학교 1학년, 2학년 때 우리를 또 맡으셨다. 그리고 마지막 고등학교 3학년 때 이 어려울 때 내가 안 맡으면 어떻게 하냐며 또 맡으셨다.

정말 말도 할 수 없을 만큼 엄청나게 말썽부리던 녀석들이 어떻게 되었을까? 제일 말 안 듣고 지질한 아이였던 내가 목사가 되었고 다른 아이들은 삶의 여러 자리에서 믿음으로 잘 살아내고 있다. 그런데 이제는 장로님이 되신 선생님이 여전히 교회에 계시니깐 50세가 넘은 아이들이 선생님 보려고 다 모인다.

지금도 생각해보면 나는 정말 어려운 환경에 있었다. 진짜 아무것도 없었다. 아버지는 사흘이 멀다 하고 술 마시고 들어와서 때려 부수고, 엄마는 그 술병을 피해 도망가시다가 팔이 부러지고, 형은 술병으로 맞고 나는 교회로 도망가서 찌질하게 앉아 있었다.

그러면 선생님이 퇴근하면서 가시다가 교회로 들러서 "아이고 융희, 또 왔구나." 그리고 기도해주시고 "하나님, 아버지 술버릇 없게 해주시고, 어머니 팔 낫게 해주시고, 형 머리 터진 것 낫게 해주시고, 우리 융희는 두려움 사라지게 해주시고." 이렇게 기도해주셨다. 그리고는 집에까지 데려다주시고는 가셨다.

이런 애가 무슨 꿈이 있었겠는가? 가정을 갖고 정상적으로 출근하고 퇴근한다? 상상도 할 수 없었다. 나는 분명히 불행할 거라고 생각했다. 왜? 내가 본 가정생활은 너무 불행했으니까. 나는 제대로 못 살 줄 알았다. 결혼도 못 할 것 같고, 애도 없을 것 같고, 아침에 가방 메고, 양복 입고 출근도 못 할 거라는 생각에 완전히 젖어 있었다.

그런데 교회 선생님이 나를 6년 동안 완전히 바꾸어 놓았다. "아니야. 아니야. 아니야. 융희야. 하나님은 너와 함께 하시고 너는 분명하게 너의 소원을 이룰 수 있어. 너의 소원이 뭐니?" "아침에 출근하는 거요." "할 수 있어. 또 소원이 뭐니?" "아이들한테 잘 갔다 올게. 이거 하는 거요." "할 수 있어."

그리고 나는 벌써 선생님의 말씀대로 꿈을 이뤘다. 큰 교회 목사는 아니지만 너무 행복한 사역지가 있고 아침에 가방 메고 양복 입고 출근할 수 있는 곳이 있다.

안 될 줄 알았던 인생에 나를 위해 기도해주고 믿어주었던 한 분의 선생님이 계셔서 지금 이렇게 여러분에게 말할 수 있다. 여러분에게도 하나님께서 한 영혼을 맡기셨다. 그 사람을 살리기 위해 여러분이 교사를 하고 있다.

4. 아무리 강조해도 부족하지 않은 소그룹

　소그룹은 접촉 가능한 생명 공동체를 말한다. 소그룹은 인원이 적은 게 아니다. 인원이 아무리 많아도 서로 자기 생각대로 살면 그것은 소그룹이 아니다. 그래서 가정이 소그룹이 아닌 경우가 많다. 소그룹 같지만 의외로 대화가 안 된다.

　또한 소그룹에서는 꼭 아이들의 이름을 불러주는 데 굉장히 중요하다. 이름을 불러주면 의미가 생긴다. 꼭 아이들한테 "얘!" "야!"라고 하지 말고 꼭 이름을 불러줘야 한다.

　그리고 소그룹 모임은 접촉의 욕구가 해결된다. 자가 격리가 왜 힘든가? 격리된다는 것은 인간이 가진 접촉의 욕구를 제한하기 때문이다.

　사람은 누구나 접촉해야 산다. TV에 나오는 유명한 인사들을 아무리 많이 알고 있어도 나와 접촉하지 않으니깐 상관없다. 연예인이 이쁜 거는 알지만, 나랑은 아무 상관이 없다.

그런데 우리 반 아이들은 접촉할 수 있다. 안아줄 수 있고 손잡아 줄 수 있다. 어깨를 두들겨 줄 수 있다. 이름을 불러주면 접촉하는 것이다.

또한 기도는 영적인 접촉이다. 인간은 영적인 존재라고 했다. 하나님의 형상으로 창조된 인간을 살리는 일은 기도이다.

그런데 처음에는 "우리 기도하자." 이러면 아이들이 싫어한다. 그런데 한 번, 두 번, 세 번, 한 달, 두 달, 6개월, 1년을 기도하면 아이들이 바뀐다. 처음에는 자꾸 기도하고 그러면 도망간다. 그런데 끝까지 잡고 하면 된다.

가정예배도 그렇다. 가정예배를 쉽게 하는 집은 한 집도 없다. 담임목사 집도 마찬가지고. 일주일에 한 번 가정예배 드리는 것을 얼마나 거래하려고 하고 유세를 떠는지 마음이 어렵다. 하지만 진심으로 이 시간을 영적인 접촉의 시간으로 생각하고 다가가면 아이들도 바뀐다.

또한 소그룹에서는 아이들이 주체적인 선택이 가능하다. 예배는 대그룹모임이다. 같이 결정하려면 시간이 오래 걸린다. 간단하게 뭘 먹을지를 결정하는 일도 쉽지 않다.

하지만 반에서는 얼마든지 가능하다. "얘들아, 오늘 떡볶이 먹을까? 피자 먹을까?" 물어볼 수 있고 아이들이 참여하고 결정하는데 쉽다. 그래서 소그룹에서는 쌍방향이 가능하다.

한 번도 목소리를 못 듣는 아이가 있다. 대그룹만 있으면 못 듣고 지나칠 수 있다. 그러나 소그룹으로 전환하면 아이들에게 물어볼 수 있다. 소그룹에서는 사귐과 돌봄이 가능하다. 이 역할을 위해 선생님들이 있는 것이다. 담임 선생님은 아무리 많은 아이가 있어도 '내 눈에는 너만 보여.' 이 마음으로 주님의 마음을 보여주기 위해 있는 것이다.

또한 소그룹은 공유(share)가 이루어진다. 소그룹의 힘은 공유에 있는데 이번 주 헌금은 누가 걷어서 하자, 공과는 누가 가져오자, 신발 정리는 누가 하자, 간식은 누가 하자, 오늘 안 온 친구에게는 누가 연락하자 등으로 역할을 나눌 수 있다.

그러나 진정한 나눔은 말씀을 함께 나눌 때다. 소그룹 모임 중 "애들아, 애들아. 선생님이 지난주 이 말씀을 묵상하다가 이런 느낌이 들었어. 오늘 말씀은 이런 말씀 들을 텐데 애들아, 이거 한번 잘 들어볼래?"

이렇게 나눌 때 그냥 사라지는 게 아니라 다 아이들의 마음속에 쌓이고 쌓여서 그게 힘이 된다. 그리고 안 듣는 것처럼 보였는데 어느 순간 아이들이 입을 열어 말하기 시작한다.

"선생님, 그런데요." "목사님, 그런데요." 이런 나눔이 가능해진다.

5. 교회학교 선생님은 다를 수밖에 없어요

    교회학교 부서에는 반별 소그룹이 있다. 이 소그룹은 생명 공동체다. 소그룹이 살아야 교회학교 부서가 살고, 교회학교 부서가 살아야 교회가 산다.

    그러려면 예수님이 어떤 선생님이셨는지를 이해해야 한다. 일반적인 스승들은 제자가 스승을 선택한다. "너 어느 대학 갈래?" "서울대요." "꿈 깨." 이런 식으로 학교를 정했을 것이다. 내가 어느 학교에 가고 무슨 전공을 선택할지 내가 정해야 했다.

    그런데 예수님은 제자를 찾아다니셨다. 일반적으로 스승들은 제자들이 오기를 기다리지만, 주님은 제자들을 찾아 나서셨다. 그래서 열두 명의 제자를 예수님이 부르시고 세우셨다. 우리가 제자를 찾아다녀야 하는 것은 이상한 일이 아니다.

    또한 일반적인 스승들은 정해진 장소에서 가르친다. 그런데 예수님은 제자들을 데리고 다니면서 교육한다. 주입식으로 교육하지 않으시고 주님은 시청각교육을 사용하실 때도 있고, 질문하시거나 이야기하시거나 논쟁하시면서 가르치신다.

예수님은 "하늘에 새를 봐라. 땅의 백합화를 봐라." 이렇게 가르치셨다. 제자들이 사는 삶의 현장에 있는 것들을 통해 쉽게 가르치셨다.

그러나 일반적인 스승들은 얼마나 많이 모였는지에 관심이 많다. 하지만 예수님은 대중이 아닌 늘 제자에 관심이 많으셨다. 예수님께서 직접 제자로 택한 그 사람들에 관심이 있으셨다.

그래서 주님은 제자를 섬겨주셨고 공동체를 강조하시며 함께 먹고 자고 가르치는 관계의 힘을 강조하셨다.

그런데 이 모든 것이 소그룹에서 일어났다. 그러므로 교회학교 교사는 무엇보다 소그룹에 강해야 한다.

예수님도 무리와 제자들을 확실히 다르게 여기셨다. 무리는 호산나, 호산나 하면서 좇다가 나중에는 십자가에 못 박으라고 하는 사람들이었다. 그러나 제자들은 부활하신 주님을 만나고 목숨까지 바치며 주님을 전파했다. 이것이다. 대그룹에서는 할 수 없는 것을 소그룹에서 나눌 수 있어야 하는 이유다.

소그룹 안에서 아이들은 자신을 발견한다. 요즘 아이들은 내가 선택하는 사람을 나라고 생각한다. 그래서 '누구누구' 닮았다는 그 연예인은 있고 '자기'는 없다. 그러니깐 주변에 수많은 사람이 있어도 삶의 모델이 없고 수시로 바뀐다.

그래서 "얘들아, 너의 삶은 네 것인 듯, 네 것 아닌 네 것 같은. 네 것이 아니다."라고 말해준다. 그러면 아이들은 "내 것 아니면 뭐예요?"라고 되묻는다. 그러면 "내 인생 내 것인 줄 알았는데. 아니다. 너 인생은 하나님 꺼야. 하나님이 너의 인생을 너에게 주셨어. 하나님이 너의 인생을 책임지셔. 하나님이 인도하셔." 이렇게 말해줄 수 있어야 한다.

5장

가정이 중요한 건 알지만 담임목사가 어떻게?

1. 자녀신앙교육의 핵심 키워드

팬데믹 시대의 교회 교육은 어떻게 이 위기를 극복하고 나아갈 수 있을까? 서울에 있는 오륜교회 교육위원회가 전국 243개 교회의 교역자와 교사들을 설문으로 조사한 결과에 의하면 코로나19 이후 신앙교육의 나아갈 방향은 그 어느 것보다 더 먼저 가정과 부모를 향하고 있음을 알 수 있다. 대안학교나 교회 교육보다 더 긴밀하고 친밀한 가정에서의 부모와 자녀의 대화를 통한 신앙교육이 대안으로 나타나야 한다는 것이다.

그러나 그러기에는 지금까지 부모와 자녀가 가정에서 함께해온 신앙의 대화가 너무 빈약하다. 너무 오랜 시간 동안 자녀의 신앙생활이나 신앙교육을 가정에서는 거의 방치한 채 교회학교에만 일임하고 부모 자신의 신앙만을 챙기면서 신앙생활을 해왔다.

그러다가 이제 코로나가 찾아오고 교회에 갈 수 없는 환경이 되자 부모들은 자녀들의 신앙을 스스로 챙길 능력이 없다는 것을 비로소 알게 되었다.

한국 IFCJ 가정의 힘이 조사한 결과에 의하면, 지난 2년 내 가족과 함께한 신앙생활이 있냐는 질문에 '없다'라는 답이 절반가량인 41.5%를 차지했다. 그 외에 외부 집회, 세미나, 가족 수련회, 신앙유적탐방, 문화체험, 전도 여행, 단기선교 등의 활동 경험들이 있었지만, 중복응답을 고려하면 특별히 가

정 내 신앙 전승에 관심을 가진 일부 가정만 이러한 활동에 참여했을 뿐 대다수 가정은 이러한 활동에 소극적인 태도를 보이고 있음을 알 수 있다.

왜 이렇게 된 것일까? 같은 자료를 보면 그 이유는 자녀의 게임과 인터넷, 학원 수업, 신앙 거부 등은 소수의 사유에 불과하다. 정작 대다수의 사유는 부모가 바쁘거나 자신의 신앙이 미진하고 확신이 없어서 자녀에게 신앙을 강조하지 못하거나 어떻게 해야 할지 구체적인 방법을 모르기 때문이라는 것이었다.

이는 부모 스스로가 준비되지 않은 자신의 부족함을 고백한 것이나 다름없다. 이러한 사정은 대부분 가정이 크게 다르지 않을 것이다. 그렇다면 이제 책임은 떠맡았으나 어찌해야 할지 모르는 가정의 신앙교육, 어떻게 할까?

2. 전 세대 예배로 시작해보자

 코로나19 이후 교육부서 모임을 별도로 모일 수 없는 환경인 교회들이 많다. 부모들이 아직 염려스러워서 보내지 않을 수도 있고, 젊은 연령대 교인들이 직장 사정 등으로 출석하지 못해서 교사 인력이 부족할 수도 있다.

 이럴 때는 부모들이 자녀를 데리고 장년 예배에 참석하게 하는 방법도 있다. 자연스럽게 전 세대 예배가 이루어지는 것이다. 이를 위해 장년 예배를 인도하고 설교하는 교역자는 다음 세대들을 고려해서 설교 방법론 등에 변화를 줄 필요가 있다.

 전 세대가 함께 드리는 예배는 설교에 이미지나 영상을 많이 첨가해서 이미지 전개형 설교를 해서 다음 세대의 관심을 사로잡는 노력이 필요하다. 성민교회는 2020년 하반기부터 매 주일 이미지 전개형 설교를 통해서 전 세대가 함께 주일예배에 참여할 수 있도록 하고 있다.

이미지 전개형 설교는 가정에서 온라인예배를 드리는 가정들의 시선을 사로잡는 효과와 함께 교회 현장에서 예배하는 가정도 자녀와 함께 예배드리는 데 많은 도움이 되고 있다.

3. 가정예배로 돌파구를 찾아보자

　다음 세대 신앙교육은 교회에서만 이루어지는 것이 아니다. 교회에서 이루어지는 교육에는 한계가 있을 수밖에 없다. 그래서 성민교회에서는 2017년부터 가정예배를 온 교회의 필수영역으로 정하고 모든 가정에 권장하고 있다.

　가정예배는 교회의 신앙교육을 가정과 연계하는 가장 좋은 방법이다. 가정예배는 부모의 제사장직을 회복하고 자녀를 축복하는 시간을 통해서 가정 안에 하나님의 사랑을 가득 채우는 복된 시간이다.

　그러나 현실을 살펴보면 가정예배를 드리고 싶어도 어떻게 드릴지를 몰라 고민하는 가정들이 있다. 그리고 몇 번은 시도해 보지만 오래가지 못하고 이내 포기하는 가정들도 많이 있다.

그러나 교회가 조금더 관심을 갖고 구체적으로 격려하고 축복해 준다면 충분히 지속적인 가정예배를 이끌어 갈 수 있다. 더 구체적인 이야기는 뒤에서 다루기로 하겠다.

4. 문고리 심방으로 접촉점을 만들자

 가정예배는 부모가 교회에 다니지 않거나 시간을 정기적으로 내기 어렵고 성의를 보이지 않는 경우는 시도하기 어렵다. 이럴 때 교역자가 각 가정을 위해서 선물을 준비해서 문고리에 걸어놓고 오는 형식의 문고리 심방으로 접촉점을 만들어 볼 수도 있다.

 성민교회는 2020년 9월에 담임 목회자가 직접 300통가량의 손편지를 써서 마스크, 초콜릿, 수제 손지갑 등의 선물을 준비하여 교역자들과 함께 각 가정을 방문해서 문고리 심방을 진행하였다.

 비록 직접 얼굴을 마주하고 볼 수는 없었지만 각 가정에서 선물을 받은 뒤에 인증사진을 찍어서 교역자들에게 보내면

이 사진들을 취합해서 교인들에게 SNS로 발송하고 주일예배 광고 시간에 편집해서 보여주는 방식으로 나누었는데 매우 반응이 좋았다. 서로 만날 수 없는 상황에서 문고리 심방은 각 가정이 신앙생활의 터전임을 확인시켜 주었다.

5. 다자간화상회의 심방도 시도해 보자

ZOOM이나 구글 미트 등의 프로그램을 이용해서 다자간 화상회의 방법으로 심방하는 것도 도움이 된다. 가능하면 담임 목회자가 직접 하면 부모와 자녀 세대를 한꺼번에 목양할 수 있는 장점이 있다.

그리고 이 기회를 통해서 다음 세대가 담임 목회자와 인사를 나누고 교제권이 형성되는 효과를 기대해 볼 수 있다.

담임 목회자가 직접 하기 어려운 경우에는 다음 세대 부서 담당 교역자와 교구 담당 교역자가 함께하면 어른과 아이, 부모와 자녀를 함께 신앙적으로 돌볼 수 있는 장점이 있다.

우리는 2021년 봄에 부모와 자녀가 본 교회에 출석하는 모든 가정을 대상으로 줌 심방을 신청받아서 담임목사가 직접 줌(zoom)으로 이야기와 기도 제목을 나누고 설교하고 축복하는 시간을 갖는 등 매 가정의 심방을 진행했다.

이 자리에는 교구 목사와 구역장이 화상으로 참여해서 각 가정의 기도 제목을 듣고 함께 기도하는 시간을 가졌다.

그 결과 많은 가정이 가정에서 부모와 자녀 세대가 함께 심방을 받으면서 신앙생활의 부족함을 채우고 감사가 넘치는 시간을 가질 수 있었다.

6장

코로나, 그래도 짚고 넘어가야 할 이야기

1. 다음 세대 신앙교육에 무엇이 필요할까?

2020년 2월 코로나19 사태가 닥쳐왔다. 이번 사태는 분명 위기였다. 대면으로 모이지 못하는 상황은 그야말로 초유의 사태였다. 야심 차게 준비한 모든 프로그램과 계획한 행사가 모두 무용지물이 되었다. 그동안 나름의 파도를 잘 헤쳐 왔다고 자부했지만, 이번 풍랑은 그야말로 쓰나미급으로 모든 것을 쓸어가 버렸다. 하지만 역시 위기는 이름 그대로 우리에게 위태로운 기회가 되었다.

코로나19가 가져온 공백과 휴지기는 그동안의 모든 사역의 흐름을 다시 돌아보는 계기를 만들어 주었다. 그리고 그동안 우리 교회가 다음 세대 중심으로 해온 모든 사역이 이 코로나19의 위기를 이겨내는 밑바탕이 되었다.

많은 교회들이 묻는다. 성민교회가 코로나19 사태를 잘 이겨내고 있는 비결이 무엇이냐고.

그러나 우리라고 남들과 다르게 단번에 문제가 해결되는 도깨비방망이를 가진 것은 아니다. 그렇게 손쉽게 이 상황을 해결할 프로그램이나 방법론은 존재하지 않는다.

우리는 다시 한번 기본에 충실하여 다음 세대의 초석을 다시 쌓았다. 코로나19를 이겨낼 해법이 코로나19 이후에 기획되고 준비된 것들이 아니라 뜻밖에도 기존에 우리가 역점을 두고 행해오던 사역들임을 발견한 것은 우리에게 큰 위로와 격려가 되었다.

여러분이 섬기는 교회에도 강점이 있을 것이라 믿는다. 그것을 기초로 우리가 더 든든하게 세워야 하는 것이 무엇인지를 발견하는 일이 중요하다.

2. 가정, 부모가 들려주는 딱 두 가지 신앙 이야기

2003년 사스, 2015년 메르스, 2017년 황사를 뛰어넘는 미세먼지, 그리고 2020년 코로나19. 이같이 급변하는 이러한 상황들이 우리의 삶에 무엇을 주었냐 할 때, 그것은 우리에게 정당성을 부여해 주었다. 무슨 말인가 하니 이제 교회를 안 나와도 좋다고 할 수 있는 공식적인 소식을 들은 세대가 되었다는 말이다. 예컨대 교회에 오지 않는 것을 양해받게 된 첫 세대가 된 것이다.

초대교회 이후로 지금까지 주일날 교회에 안 와도 좋다고 허락된 사람들은 없었다. 그런데 이제는 이렇게 안 할 수가 없는 시대가 되었다. 그러나 이 모든 것을 뛰어넘는 진짜 악당은 따로 있었다.

이 모든 것을 뛰어넘는 강력한 위협은 바로 다름 아닌 부모이다. 부모, 요즘 아이들의 부모만큼 교회의 교육을 위협하는 존재는 없다.

지난해 경기도 교육청에서는 '80년대생 학부모들이 온다'라는 보고서를 발표했다. 이러한 연구를 통해 알 수 있는 것은 학부모들이 바뀌었다는 것이다.

지금까지 한국 교회를 이렇게 세우고 이끌어온 것은 5060세대들이었다. 즉 50년대생, 60년대생 부모들이었다. 정말 헌신적으로 교회를 여기까지 꾸려 왔다.

그런데 그들의 자녀인 8090세대 부모들은 완전히 달라졌다. 이들은 어떻게 다른가?

우선 5060세대 부모도 자녀에게 올인(All In)한다. 본인들은 못 먹고 못 가져도 아이들에게 모든 것을 내어주는 세대였다. 그런데 8090세대는 자녀들보다 내가 더 중요해졌다. 공부를 많이 했으니까. "나는 할 만큼 했고, 나는 이룰 만큼 이루었으니까, 이젠 나는 쉬어야 해."라고 여가를 즐긴다. 수고한 자기를 위해 명품을 선물하는 세대이다.

반면 5060세대 부모들은 지나칠 정도로 헌신했다. 매일 교회에 나왔다. 새벽기도는 물론이고, 매일 성경을 읽고, 전도했다. 그야말로 교회에서 살았다.

그러나 8090세대 부모는 아이들에게 말씀을 가르치지 않는다. 내가 왜 그걸 해야 하냐며 적당히 빠지고, 대신 여가를 즐긴다. 자기 시간이 중요한 세대다.

또한 5060세대 부모들은 솔선수범해왔다. 지금도 주일에는 가장 깨끗한 옷, 좋은 옷을 입고 교회에 오고, 헌금마저 다리미로 다려서 드린다.

그런데 요즘 8090세대는 완전히 위임한다. 좋게 말해 위임이지 하지 않는다. 공부는 학원에, 인성은 학교에, 신앙은 교회학교에 맡겨 버리고, 본인은 손도 까딱하지 않으려고 한다.

또한 5060세대는 교사를 존중했다. 교회 안 다니는 부모들도 교사들이 전화 심방 하면 잘 바꿔줬다. 그런데 요즘 세대 부모들은 바꿔주지 않으며 이렇게 말한다. "선생님, 무슨 일이세요? 저한테 얘기하세요." 그리고는 아이들 바쁘다고, 공부한다고 바꿔주지 않고 전화하지 말라고 한다. 교회 다니는 부모들도 이렇게 당당하게 요구한다. 교회가 안전 수칙은 지키고 있냐, 칸막이는 설치했냐며 관심과 요구가 많다.

이제 우리의 역할은 5060세대가 여기까지 가지고 왔던 이 믿음의 햇불을 전달하는 데 있다. 그런데 전달하고자 하는데 중간 주자가 사라졌다. 자기 삶을 위해 교회 밖으로 떠난 3040세대의 빈자리가 지금 우리 교회들의 모습이다. 이러한 상황 속에서 어떻게 교회는 이제 이들의 이 어려움을 이겨내야 할 것인가?

코로나19 이후에 다음 세대 신앙교육에 대해 무엇이 필요할까를 묻는 설문조사를 실시했다. 그런데 1위는 부부와 자녀 간의 신앙적 대화, 친밀감이 다시 회복되어야 한다는 것이었다. 이것을 되찾아야 한다. 이 말은 부모가 자녀에게 "얘들아, 우리 하나님께서 말이다." 이런 이야기를 들려줘야 한다는 것이다.

생각해보면 예전 부모님들은 가정에서 성경 읽는 모습 보여주셨고, 귀에 못이 박히도록 성경의 인물들 이야기, 찬송 소리를 자녀에게 많이 들려주셨다. 그리고 그것이 한국 교회를 지탱해왔다. 하지만 요즘 3040세대는 성경을 모른다. 관심도 없다.

이런 상황에서 들은풍월이 아니라 내 삶으로 정착된 신앙이 절실히 요구된다. 듣는 귀만 커진 크리스천이 아니라 말씀으로 무장된 실제 삶을 사는 크리스천을 만들기 위해서 너무나 필요하다.

그런데 왜 가정교육인가? 에드가 데일(Edgar Dale)이 언급하길 학습한 지 2주가 지나면 단순하게 내용을 읽기만 하는 경우 10%밖에 기억이 안 난다고 했다. 그런데 들으면 20%

가 기억난다. 또 그림으로 본 것은 30%를 기억한다.

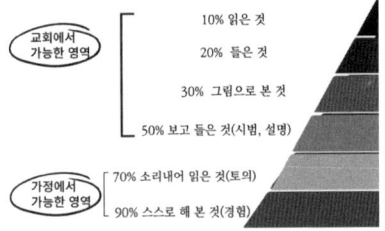

그런데 현장에서 보고 듣고 시범 설명을 들으면 50%가 기억에 남는다. 그런데 거기서 토론하면서 말하면 70%, 실제로 경험하면 90%가 기억에 남는다고 했다.

이것은 매우 중요한 발견이다. 교회에서 아이들한테 가르치는 것만으로 부족하다. 읽고, 들은 것, 그림으로 본 것만으로는 안된다는 것이다. 교회의 역할은 위의 네 번째까지다.

그러나 가정에서는 교회에서 들은 이야기를 부모가 다시 한번 확인시켜 주고, 그것을 아이들이 대답하고, 이야기하고, 우리 가정에 어떻게 하면 좋을지를 고민할 때 바로 70%, 90% 아이들이 듣고 깨달은 말씀을 체화할 수 있다. 그래서 이것은 너무나 중요한 시간이 아닐 수 없다.

그런데 문제는 이렇게 좋은 가정에서의 신앙교육이 되고 있냐는 것이다. 연구 결과, 지난 2년 내에 가족과 함께한 신앙활동이 있는지를 살펴보니 절반 가까운 부모가 전혀 하지 않는다고 대답했다.

그래서 왜 절반이 넘었는가를 조사했더니 각자 너무 바빠서 못한다는 것이다. 그런데 누가 바쁘단 얘기인가? 부모가 바쁘다는 것이다. 이 말은 부모의 자기 신앙이 확실하지 않고 부족해서 그런 것이다.

우리는 그동안 아이들이 게임 때문에 신앙을 못 갖는 줄 알았고, 공부 때문에 그런 줄 알았는데 아니었다. 그래서 한국 교회의 방향이 가정을 향하고 있고, 부모를 살리는 방향으로 가려고 하는 것이다.

그렇다면 어떻게 8090세대를 가정에서 복음을 전하는 부모 세대로 만들 수 있을까? 가장 중요한 건 복음을 들려주는 것이다.

복음이 무엇인가? 어떻게 알려줘야 하는가? 내 자녀에게 과연 복음을 어떻게 이야기해 주어야 하는가? 여기에 대한 답을 내리기 위해 두 가지를 말씀드리고자 한다.

첫째, 하나님을 하나님 되심으로 인정하는 일이다. 이것이 첫 번째이다. 복음 중의 복음은 하나님은 하나님이시라는 것이다. 이것이 전부다.

그런데 우리는 하나님을 마치 나의 거래 대상처럼 안다. 그래서 "내가 조금 더 기도하면 하나님이 들어 주시겠지! 내가 신앙생활을 좀 더 신경 쓰고, 내가 조금 더 교회에 나오고, 내가 조금 더 돈 많이 내면 하나님이 날 좀 도와주시겠지!"라고 생각한다. 심지어 하나님을 이상한 분 또는 나를 돕는 비서 정도로 생각하기도 한다.

그런데 그렇지 않다. 하나님은 하나님이시다. 하나님은 우리의 모든 걸 초월하셔서 영광 받으실 분이고, 그분은 우리의 통치자이시며, 그분은 우리를 지으신 분이시다. 우리의 모든 삶을 주관하시며, 우리의 마지막 때를 완성하실 분이시다.

이 이야기를 아이들에게 들려줘야 한다. "얘들아, 하나님이 하나님이셔서 너희가 얼마나 다행인지 아니? 하나님이 하나님이셔서 그분을 예배하는 게 얼마나 행복한 건 줄 아니?"

우리 교회는 가정예배를 전 교인이 함께 드리고 있다. 일주일에 한 번씩 가정예배를 드리는데 가정예배를 드린 사진을 인증해서 홈페이지에 올리면 주일예배 광고시간에 같이 본다. 이는 담임목사도 예외가 아니다. 모든 교인이 그 사진을 보니깐 담임목사라고 해도 가정예배를 안 드릴 수가 없다.

목사라고 가정예배 편히 드릴 것으로 생각하는 분도 있을 텐데 그렇지 않다. 일주일 내내 사이가 좋다가도 꼭 그 시간이 되면 아이들이 싸운다. 아이들이 가정예배 드릴 시간쯤 되면 앙숙처럼 싸운다. 형제가 싸우니 말리다가 엄마도 마음이 상하고, 그러다 나도 마음이 상해서 화가 난다. 그러다 보면 나도 "하지 마. 하지 마. 오늘 가정예배 없어! 안 해! 안 할 거야!"고 말한다. 그러면 "아니에요. 아빠. 해요. 그냥 할게요."라고 하는데 내 마음이 수치스러웠다.

'야, 이거 가짜잖아? 이거 위선이야. 이거 가식이야. 하지마.' 이렇게 말하고 일어서려고 하는데 집사람이 옆에서 이렇게 말했다. "여보, 기분 상한 것은 이해하지만, 기분대로 예배를 안 할 순 없잖아요?" 이 말을 듣고 다시 앉았다.

감정이 상한 것은 맞지만 하나님은 하나님이시니까 우리의 기분을 따라 하나님께 드리고자 했던 예배를 안 드리면 안 된다. 그런데 더 놀라운 것은 그렇게 앙숙이 되어 싸우던 우리도 가정예배를 드리면서 마음이 회복되는 것을 경험한다.

짧은 시간이지만 넷이 손을 잡고 시계 방향으로 기도하는데, 조금 전 내 마음을 할퀴고 지나간 그 큰아들에 대해서 진심으로 기도하고 싶은 마음이 생긴다. 그래서 "하나님, 하나님, 주의 아들입니다. 제 아들 아닙니다. 하나님이 이 아이를 붙잡아 주시고."

이렇게 기도하는데, 이 아이는 또 엄마를 향해 진심으로 기도한다. 더 충격적인 일은 고3 아들이 관계가 완전히 망가진 아빠를 향해 기도하는 것을 듣게 된다. 이것이다. 가족끼리 감정도 상하고 어려울 때가 있지만 기분 따라가는 예배하는 것이 아니라, 어떤 형편에서든지 하나님을 하나님으로 인정하는 것이 우리에게 필요하다.

둘째, 하나님을 살아 계신 분으로 인정하는 일이다. 이것이 복음이다. 하나님은 우리의 감정을 초월하고, 우리 상황을 초월하여 우리의 높임을 받으시기에 합당하시고, 그분은 살아계셔서 모든 것을 주관하시며 온전하게 하시는 분이라는 것을 믿는다면 두 번째로 자녀에게 전할 메시지는 하나님은 살아계신 분이라는 것이다.

이 두 가지가 복음의 내용이라고 한다면 그다음은 어떻게 자녀에게 복음을 전해야 한다는 것일까? 마가복음 12장 30절의 말씀을 가지고 네 가지로 정리해서 설명해 드리고자 한다.

[마가복음 12:30] 네 마음을 다하고 목숨을 다하고 뜻을 다하고 힘을 다하여 주 너의 하나님을 사랑하라 하신 것이요

이 말씀을 쉽게 이렇게 바꿔서 설명해보겠다. 너는 그를 사랑해야 한다(You must love him.). 그리고 방법이 곧이어 나온다. 어떻게 사랑해야 한단 말인가? 'with all your heart' 너의 heart를 다해서, 또 soul을 다해서, mind를 다해서, 또 strength를 다해서 사랑하라는 것이다.

먼저 마음을 다하여(all your heart)는 이런 뜻이다. 너의 모든 마음, 그중에서도 네 감정과 네 열정을 다 드리라는 것이다. 마치 연애할 때 '난 너밖에 없어. 내 안에 너 있다.'라는 마음으로 결혼해달라고 프러포즈하듯이, 하나님을 그렇게 사랑하라는 말이다. 하나님을 향해 내 사랑을 받아달라고 내 열정과 감정을 다 해서 사랑을 표현할 수 있어야 한다.

또한 목숨을 다하여 사랑하라는 말에 쓰인 목숨은 소올(soul)을 뜻한다. 이 말은 호흡이다. 우리의 호흡을 다 하고 영적인 흐름을 다해서 자연스럽게 그분을 사랑하라는 말이다.

부모도 그렇고 교사들도 자연스럽게 복음을 증거할 때 우리는 하나님이 어떤 분이신지를 이야기하고 하나님이 내게 어떤 일을 행하셨는지를 말해야 한다.

그리고 뜻을 다하여 사랑하라고 할 때, '뜻'으로 사용된 단어가 마인드(mind)이다. 마인드는 인간의 지성으로, 하나님의 말씀에 초점을 맞추라는 의미이다. 그래서 성경 말씀으로 나의 지성이 훈련을 받아야 전할 수 있다.

마지막으로 힘을 다하여 사랑하라고 할 때 힘(strength)은 활력을 다하라는 말이다. 내가 어떻게 지금 숨을 쉬고 건강하게 살아 있는가? 왜 우리가 부모가 되어서, 내가 교사가 되어서 아이들을 만나고 있는가? 이유는 한 가지이다. 다음 세대 때문이다.

이 아이들을 내가 바르게 키우고 양육하여 하나님 나라 백성이 되게 할 책임이 있기 때문이다. 지금 죽으면 천국 가는데 남아있는 이유는 다음 세대 때문이다. 내가 말씀 공부 잘해서 말씀을 올바로 전하기 위해서. 내가 복음을 온전히 알고, 복음을 말해주기 위해서, 내가 예배를 잘 드려 예배의 좋은 본을 보이기 위해서 나는 살아 있는 것이다. 그래서 우리의 힘(strength)은 우리 것이 아니다. 주님의 것이다.

우리가 해야 할 일, 바로 이 4가지(all your heart, all your soul, all your mind, all your strength)를 다하며 자녀를 양육할 때 어떤 일이 벌어질까?

마음을 다하고, 목숨을 다하고, 뜻을 다하고, 힘을 다하고. 이 모든 것을 주님께 헌신하여 드리는 부모라면, 그러한 믿음의 부모라면, 그런 믿음의 교사라면, 그러한 믿음의 교인들이라면, 그 자녀는 과연 어떻게 자라겠는가?

많은 사람이 코로나 이후로 방법론을 찾아 헤매고 있다. 방법은 없고, 정답도 없다. 그러나 우리가 붙잡을 것이 있다. 바로, 복음이다.

하나님은 하나님이시고, 하나님은 살아 계시다. 그래서 우리는 그분을 사랑한다. 어떻게? 우리의 모든 마음을 다해서, 우리의 목숨을 다해서, 우리의 뜻을 다해서, 우리의 모든 힘을 다해서 이렇게 사랑할 때, 하나님은 우리를 통해서 다음 세대를 세우시고 살리시고, 이 시대를 뚫고 나갈 하나님의 사람들로 자라게 될 것이다.

3. 가정예배 〈하.별.모.〉 가정을 교회로 만들다

　　미국의 대표적인 신학자이자 철학자인 조나단 에드워드(Jonathan Edwards)는 18세기 미국의 영적 부흥과 대각성을 일으킨 목사이다. 그는 "모든 그리스도인의 가정은 그리스도의 뜻으로 다스려지는 작은 교회가 되어야 한다. 가정의 신앙교육과 질서는 하나님의 은총의 중요한 수단이다. 이것을 무시한다면 다른 어떤 수단으로 은총을 얻을 수 없을 것이다."라고 말했다.

　　그는 가정의 가치와 의미를 단순한 가족 구성원의 연합이 아니라 하나님을 알고 만나고 신앙하는 믿음을 전승하는 공동체로의 역할까지 포함하고 있다.

　　이런 이유로 하나님은 우리에게 가정을 허락하셨다. 하나님께서 직접 만드신 유일한 두 개의 조직인 가정과 교회는 본질상 둘이 아닌 하나이다. 가정은 교회를 지향하고 교회는 가정을 닮아간다. 그래서 가정은 하나님을 섬기는 교회의 역할을 해야 하고 이를 통해서 교회는 모든 세대가 함께 행복을 나누며 하나님의 자녀로 마음껏 성장하는 가정의 사명을 다해야 한다.

1) 가정예배의 전통을 세우는 교회

그러나 가정의 중요한 사명에도 불구하고 주일학교의 발전 이후로 가정은 신앙교육의 사명을 교회로 떠넘기기 시작했다. 주일 아침에 아이들을 교회에 데려다주기만 하면 교회학교 교역자들과 교사들이 '내 자녀의 신앙을 책임져주겠지'하는 안일한 마음을 부모들이 가지게 되었다.

일주일이라는 168시간 중에서 단 1시간 동안 이루어지는 주일학교의 예배와 공과 학습만으로 우리의 다음 세대의 신앙을 잘 세워가고 그들이 하나님의 군사로서 세상을 변화시키기를 기대하는 것은 욕심이 아닐 수 없다.

또한 교회학교 교육은 대그룹 중심이고 이론 중심이고 가르침 중심이기에 교육 효과가 현저히 떨어질 수밖에 없다. 하지만 가정에서의 신앙교육은 소그룹 중심이고 실천 중심이고 배움 중심이기 때문에 교회학교의 부족한 점들을 보완할 수 있다.

이제 가정에서의 부모와 자녀의 신앙적 대화가 회복되어야 한다. 부모가 자녀와 함께 성경을 펴고 하나님의 말씀을 읽어야 한다. 그리고 함께 기도 제목을 나누고 서로를 축복하는 기도의 시간이 필요하다. 이것이 이루어지는 자리가 바로 가정예배이다.

성민교회의 담임목사로 부임 후 5년 동안 강조한 것은 가정에서의 신앙 운동이다. 매주 가정예배를 드림으로 온 교회가 함께 신앙의 성장과 행복을 누리도록 격려했다. 그런데 많은 교회가 가정예배의 소중함을 알고 도전하지만 쉽게 포기하고 있다.

그렇다면, 성민교회는 그동안 어떻게 꾸준히 가정예배 전통을 이어오고 있고 우리의 다음 세대가 가정예배를 드리는 일에 자연스럽게 스며들도록 분위기를 잘 만들어오고 있을까?

2) 가정예배 인증사진을 주일예배 광고 시간에

교회가 관심을 갖고 가정예배를 격려하고 축복하면 가능하다. 가정예배를 각 가정의 이벤트로만 끝내지 않고 온 교회가 함께 격려하고 응원하는 온 교회가 함께하는 사역으로 끌어가면 가능한 일이었다. 그 중심에는 가정예배 인증사진이 있다. 그리고 그 사진을 주일에 온 성도들이 함께 공유하여 보고 도전받고 응원하기 때문에 가능하다.

특히 인증사진에는 주로 자녀들의 이름을 적어서 그 가정을 알리는데 이렇게 하면 교인들이 다음 세대의 이름을 알게 되는 효과가 있어서 그 아이를 만났을 때 자연스럽게 이름을 불러준다. 또한 한 가정을 이루는 구성원들을 사진으로 보면서 우리 교회에서 누구와 누가 한 가정을 이루고 살고 있는지를 알게 된다.

이렇게 자연스럽게 가정의 가치가 교회 안에 점점 중요하게 되고 가정생활을 잘하는 것이 신앙의 핵심임을 모두가 인지하고 가정에서 신앙생활을 키워나가는 일에 힘쓰게 되는 분위기 를 연출하게 된다.

또한 어린아이들은 자신들의 얼굴이 교회 예배 시간에 대형 화면에 나오는 것을 매우 좋아한다. 그래서 이 가정예배 광고를 보려고 일부러 장년 예배에 엄마 아빠와 함께 오는 아이들이 있을 정도이다. 아이들은 이 시간을 통해서 온 교인들이 가정예배 드리는 것을 응원하고 도전받는 모습에 더 기뻐하게 된다.

현재 성민교회 홈페이지 가정예배 섹션에는 4,756장의 가정예배 인증사진이 올라와 있다. 이것은 우리 교회의 역사이자 가장 귀한 자산이자 큰 자랑거리가 아닐 수 없다. 이곳에 사진을 올리고 있는 가정들은 평균 5년 이상, 최장 5년 5개월 동안 가정예배를 드리고 있는 가정들이다.

또한 가정별로는 270장의 사진을 통해 지난 5년여의 가정의 변천사를 기록해 오고 있다고 할 수 있다. 어떤 가정은 신혼부부로 예배를 드리다가 아이를 낳아 세 가족이 되기도 하고 어떤 가정은 한 아이를 중심으로 예배하다가 둘째 아이가 태어나기도 한다. 어머니와 자녀가 예배하면서 아버지가 함께 하기를 기도하다가 어느 주부터는 아버지가 같이 가정예배에 동참하기도 한다. 이러한 변화는 이것을 바라보는 온 교인들에게 큰 격려가 되고 감사의 제목이 된다.

3) 성민교회는 가정예배를 어떻게 드리나요?

그렇다면 성민교회의 가정예배는 어떤 순서로 진행되는지 더 구체적으로 살펴보자. 성민교회는 매주 〈하별모〉라는 이름으로 가정예배 주보를 제작해서 배부하고 있다.

〈하별모〉는 창세기 22장에서 아브라함이 아들 이삭을 모리아 산에서 하나님께 제물로 드리라는 말씀에 순종하여 드리고자 했을 때 그를 막으신 하나님께서 그 가정에 주셨던 "내가 네게 큰 복을 주고 네 씨가 크게 번성하여 하늘의 별과 같고 바닷가의 모래와 같게 하리니 네 씨가 그 대적의 성문을 차지하리라"(창22:17) 말씀에서 따온 이름으로, 하늘의 별과 같고 바닷가의 모래와 같이 번성하는 다음 세대를 기대하며 지은 것이다.

그리고 교회 주보의 한 면을 가정예배 드린 가정 중 한 가정을 골라 표지 사진으로 활용한다.

가정예배는 가정마다 주 1회 드리게 되는데 가족들이 모두 모일 수 있는 요일과 시간을 정해서 모일 수 있다. 대개 금요일 저녁이나 토요일 저녁을 활용하고 있다.

그런데 가정예배에 있어서 시간을 정해놓는 것은 매우 중요한 의미를 지닌다. 그렇지 않으면 가족들이 바쁠 때는 모임이 강제성이 없어지고 흐지부지될 수 있다. 그래서 시간을 일정하게 정해놓고 그 시간을 지키기 위해서 서로 노력하도록 격려하고 도전하는 것이 필요하다.

예배담당자는 따로 정해놓지 않고 가정별로 정할 수 있도록 한다. 아버지가 예배를 인도하면 어머니가 말씀을 전하고 자녀가 성경 봉독을 하는 정도의 순서를 나눌 수 있다. 이때 중요한 것은 모든 가족 구성원들이 순서에 참여하는 것이다. 그래야 적극적인 참여를 유도할 수 있고 소그룹 예배로서의 장점을 높여서 서로의 의견이 반영되고 서로 접촉이 일어나는 예배를 드릴 수 있다.

○ 신앙고백 - 다 함께 사도신경을 고백하면서 가정예배가 시작된다. 이 시간은 우리 가정의 주권이 삼위일체 하나님께 있음을 고백하는 시간이다. 그리고 우리 가정의 목적이 서로 각자 자기의 꿈을 이루는 것이 아니라 하나님 안에서 함께 천국을 이루어가는 것임을 확인하는 시간이다.

○ 찬양 - 매주 결단의 찬양 악보를 순서지에 실어서 가족들이 함께 찬양할 수 있게 돕고 있다. 찬양을 잘 모르면 유튜브를 통해서 찬양을 검색해서 함께 들어보고 불러보거나 가

정에서 익숙한 쉬운 찬양으로 대신 부를 수 있도록 한다. 온 가족이 함께 부르는 찬양은 우리 가족의 곡조 있는 신앙고백이 된다.

함께 부를 수 있는 찬양을 많이 만들어 가는 것은 가정 안에서의 신앙 전승에도 큰 도움이 된다. 평소에 어린이 찬양 등 자기 세대의 찬양만 부르던 자녀들이 어른 세대의 찬양을 배우게 되면 성년이 되었을 때 장년 예배에 쉽게 적응할 수 있다.

○ 공동기도 - 온 가족이 함께 드리는 기도 시간이다. 주로 한 주간을 돌아보는 감사와 가족들이 함께 모여 예배드릴 수 있는 것에 대한 감격을 기도로 올려드리는 시간이다. 이 시간을 통해서 가족들은 하나님의 은혜 속에서 살아가는 우리 가정이 얼마나 평화로운지를 다시 한번 깨닫고 기뻐하는 시간을 갖는다.

○ 말씀읽기 - 그 주의 장년 예배 본문 말씀을 함께 읽는다. 이 시간은 가족 구성원들이 한목소리로 하나님의 말씀을 낭독하는 아주 중요한 시간이다. 우리 가정에 주시는 성경 말씀을 함께 읽으면서 가족들은 하나님을 사랑하고 이웃을 사랑

하는 공동의 가치와 목표를 공유하게 되고 최상의 신앙공동체로 결속된다. 또한 가족들이 한 말씀을 낭독하는 것은 우리가 그리스도 안에서 한 몸이라는 고백이기도 하다. 이 시간은 가족들이 비록 각자의 시간 속에서 각자의 삶을 살아가지만, 영적으로는 하나로 연결된 믿음의 가정임을 확인하고 결속을 다지는 시간이다.

○ 말씀 나누기 - 이 시간은 가정 안에서 신앙의 권위를 갖는 부모님 중 한 사람이 맡도록 한다. 담임 목회자가 직접 그 주의 장년 예배 설교내용을 요약해서 순서지에 싣고, 가족 중 엄마나 아빠가 순서지를 참고해서 자신이 직접 주일예배 시간에 정리한 설교내용을 중심으로 말씀을 전한다.

이때 말씀을 전하는 부모 세대는 단순히 설교내용을 요약하기보다 자신이 이 말씀을 통해 받은 은혜를 나누고 말씀에 대한 결단과 다짐을 고백한다. 이를 통해 자녀들은 부모들이 예배 시간에 하나님 말씀을 통해서 어떤 은혜를 받고 신앙이 성장해가는지를 알 수 있고 이를 전승할 수 있다. 이 시간을 위해서 말씀을 전하는 담당자는 주일 설교를 여러 번 반복해서 듣고 그 내용을 숙지한다.

또한 부모 세대는 주일에 받은 설교의 은혜를 더욱 선명하게 깨닫게 되고 다음 세대는 부모를 통해서 하나님의 말씀을 받는 시간을 갖게 된다.

이 시간의 유익은 가족들이 세대를 초월해서 함께 공유하는 영적 지식을 얻을 수 있다는 점과 주일학교 예배만 참여하던 자녀들이 장년들이 드리는 주일 공예배와 연결점을 가지게 되어서 성년이 되면 자연스럽게 장년 예배를 드리는 예배자로 참여할 수 있다는 점이다. 가족들이 영적인 끈으로 묶일 때 서로를 더욱 의미 있게 생각하고 바라볼 수 있다.

○ 축복기도 - 매주 새로운 내용의 축복기도문을 주보에 첨부한다. 어떤 주는 아버지가 자녀를 축복하기도 하고 어떤 주는 자녀들이 어머니를 축복하기도 한다. 부부가 서로를 축복하거나 형제와 자매들이 서로를 축복하기도 한다.

또한 매달 첫 주는 새로운 한 달을 시작하면서 기대와 소망을 담아 한목소리로 서로를 축복하며 다 같이 기도하는 시간을 갖는다. 이때 가족들이 서로 손을 잡고 오른쪽이나 왼쪽으로 돌아가면서 옆 사람을 위해 기도해주는 것도 좋다. 부모만 자녀를 위해 축복하는 것이 아니라 자녀가 부모를 위해서 축복하는 기도 시간도 서로에게 위로와 소망이 되고 큰 의미가 있다.

그리고 가족들이 이 시간을 통해 우리 가정의 미래를 하나님의 손에 맡기는 것이 가장 큰 의미라고 할 수 있다. 우리의 계획대로 모든 일이 진행되지는 않는다. 때론 어려움이 찾아오고 우리의 계획대로 되지 않는다고 해도 하나님께서 능히 이겨낼 힘과 용기를 주시도록 기도하는 가운데 우리 가정을 사랑하시는 하나님을 신뢰할 수 있게 되고 어려움을 이겨낼 믿음을 다시 한번 다지게 된다.

○ 포옹과 덕담 - 함께 예배한 가족들을 바라보며 손을 내밀어 축복하고 서로 안아주면서 사랑을 마음을 고백하고 나눈다. "4월이 가고 5월이 와요. 새로운 소망을 가져요!", "가정의 달, 나의 최고의 기쁨은 당신의 웃음이에요!" 등의 덕담을 나눈다. 이 시간을 통해서 가족들을 서로를 바라보며 한 번 더 웃음을 짓는 시간을 갖고 서로의 관계를 화목하게 만들어 갈 수 있다.

○ 주기도문 - 주님이 가르쳐주신 기도로 예배를 마친다. 때로는 아버지가 자녀의 머리나 어깨에 손을 올리고 축복기도를 할 수 있다. 이러한 축복의 시간은 부모의 사랑과 관심이 하나님이 허락하신 가정의 울타리 안에서 자녀에게 온전히

향하고 있음을 자녀에게 전달해주는 시간이다.

현대의 가정들이 갖는 가장 큰 어려움은 부모와 자녀가 단절되어 살아간다는 것이다. 그래서 자녀에게 문제가 생기고 나서야 부모들은 급하게 문제를 해결하려고 한다. 하지만 중요한 것은 문제가 생기기 전에 평소에 부모의 사랑을 자녀에게 표현하는 것이다. 가정예배는 이렇게 지속해서 부모의 마음을 자녀에게 쏟을 수 있고 마음을 표현하는 자리이다.

4) 가정예배 드리는 가정을 격려하는 교회

성민교회 교인들은 가정예배를 드린 후에 인증사진을 찍어 홈페이지에 올리고 주일예배 광고 시간에 온 교인들이 사진을 같이 보면서 가정예배 드리는 가정들을 응원하고 격려한다고 했다.

그런데 여기서 그치지 않고 인증사진을 올린 숫자대로 그 가정의 이름을 적은 제비를 넣고 추첨하는 시간을 갖는다. 예배를 드린 횟수가 많은 가정일수록 추첨에서 당첨될 확률이 높아진다. 이렇게 한 달에 한 번, 네 가정을 추첨해서 5만 원 상당의 가족 식사권을 그 자리에서 바로 시상하고 담임목사와 함께 기념촬영을 한다. 이 가족 식사권은 교회 교인사업체에서 사용하도록 교회가 대금을 선지급하고 발행한 것으로 겨울철에는 해물칼국수를, 그리고 여름철에는 편의점에서 이용할 수 있도록 하고 있는데 교인들의 반응이 아주 좋다.

특히 어린 자녀들은 가족 식사권을 받아서 식사하거나 편의점에서 간식을 구매한 후에는 부모님이 가정예배를 드리자고 하지 않아도 스스로 가정예배 순서지를 챙겨서 예배를 주도하는 아이들이 되고 있다.

또한 한 해에 한 번 가정예배에 참여하고 있는 가정들이 함께 모여서 가정예배의 비법도 나누고 애환도 나누는 연합 가정 예배 모임을 하고 있다. 이 시간을 통해서 서로 격려하고 더 나은 가정예배를 위한 아이디어와 힘을 얻는 기회로 삼고 있다.

7장

분홍목사의 교육 비법 소스

1. 질문으로 교회를 새롭게

 많은 분들이 성민 교회에 관해서 관심을 두고 계시고 분홍 목사 사역에 대해서 관심을 두고 있다. 그러면서 사람들이 부흥의 비결을 한마디로 요약하라고 요구한다. 그러면 참 애매하다. 우리가 무슨 프로그램을 해서 여기까지 온 것 같으면 대답이 쉬울 텐데 그렇지 않다.

 그런데 그때 제 머릿속에 떠오르는 하나의 단어가 있었다. 그것이 바로 "질문"이다. 우리의 다음 세대 사역은 질문에서 출발했다. 질문이 뭐냐면 아이들에게 묻는 것을 뜻한다.

 "애들아, 뭘 해주면 좋겠니? 애들아, 우리가 너희한테 뭘 해주면 너희가 행복하겠어? 어떻게 해주면 좋겠어?" 이 간단한 질문에 어마어마한 부흥의 역사가 있다.

다음 세대의 주인공은 아이들이다. 특별히 교회에 나오기를 싫어하고 예배에 집중을 못 하는 아이를 불러 놓고 마이크를 주면서 "네가 원하는 걸 말해봐. 어떻게 해주면 너희 부서의 아이들이 많아지고, 행복하고, 예배를 잘 드릴 수 있겠니?"라고 질문을 해야 한다. 그런 후 그 아이가 하는 말을 듣고 그대로만 하면 교회는 부흥할 수 있다.

전문가는 물어본 사람을 뜻한다. 질문이란 건 뭐냐면 서로에게 마음을 내어주는 것이다. 질문할 때 말이 오고 가면서 소통이 일어난다. 소통될 때 부흥은 자연스럽게 따라온다. 왜냐하면, 이미 아이들과 교사가, 어른과 아이가 서로 질문이 시작되는 순간 그것이 부흥이기 때문이다.

교회학교 예배 시간을 바꾸게 된 계기도 질문에서 시작했다. 나도 이런 생각을 전혀 하지 못했다. 우리 교회는 전통적인 교회로 25년 동안 아이들은 9시에 오고 어른들은 11시에 교회에 왔다. 아무도 이상하게 생각하지 않았다. 심지어 아이들이 9시 예배 시간을 제때 맞추어 오지 않고, 9시 10분, 20분, 30분, 40분, 50분에 오고 10시가 되어야 오는데도 어른들은 그것을 하나도 이상하게 여기지 않았다.

그래서 아이들한테 물어봤다. "아이들아, 왜 이렇게 늦게 오니?" "목사님, 너무 일러요. 9시에 못 나오겠어요. 미치겠습니다. 팔짝 뛰겠어요."

그래서 "그럼 어떻게 해주면 좋을까?"라고 물으니 "어른들은 11시에 나오잖아요. 우리도 11시에 나오면 좋겠어요."라고 했다. "그래? 11시에 나오면 너희들 잘 나올 수 있겠어?" "그럼요! 저 누구도 데려오고, 누구도 데려오고, 다 데려올 수 있어요! 11시에 오면 안 돼요? 왜 안 돼요?" 아이들의 말을 듣고 많은 생각에 잠겼다.

그리고 당회에 안건으로 제출했다. 교사들이 9시 예배를 드리고, 아이들은 11시에 예배하자고 했다. 그랬더니 웅성거리기 시작했다. 25년을 그렇게 하지 않았기 때문이다.

지금까지 부모들은 아이들을 9시에 맞춰 교회에 데려다주고, 또 집에 갔다가, 다시 예배를 마친 아이들을 교회에서 집에 데려온다. 그러고 난 후에야 부모들은 어른들 예배를 11시에 드린다. 이것이 하나도 이상하지 않았다니. 왜? 늘 그렇게 해왔으니깐.

하지만 아이들의 말을 듣고 예배시간을 2017년에 과감히 바꿨다. 그러자 신기하게 모든 부서가 부흥했다. 잃은 양을 다 찾았다. 그동안 초등학교 앞에 가서 전도하면서 수요일마다 간식 주고 말씀 나누고 했던 아이들이 한 명도 교회에 나오지 않았는데, 11시로 바꾸니깐 아이들이 나오기 시작했다.

아이들이 자기가 올 수 있는 시간, 오고 싶은 시간대를 어른들이 물어봐 주었고, 아이들은 말해 주었기 때문이다.

모두 질문과 대답을 통해 해결책을 찾은 것이다. 그래서 질문이란 매우 중요한 부흥의 원리이며 핵심적인 비결이다.

2. 질문하는 법을 가르쳐라

    그렇다면 아이들은 왜 질문할까? 메리 올리버(Mary Oliver)라고 하는 퓰리처상을 받은 미국의 생태 시인이 이런 말을 했다. "이 우주에서 우리에게 주어진 두 가지 선물은 사랑하는 힘과 질문하는 능력이다." 메리 올리버가 생각하는 인간의 힘은 사랑하는 힘과 질문하는 능력이라는 것이다.

    그러면 이게 왜 중요한 걸까? 질문이란 단어를 사전에서 찾아보면 '알고자 하는 바를 얻기 위해 묻는 것'이라고 정의한다. 그런데 아이들은 바르게 질문하는 법을 배우지 못했다. 우리도 비슷하다.

    질문을 어떻게 해야 하는지 모른다. 그래서 때때로 어떤 사람은 내용과 관계없는 질문을 하기도 하고, 질문 자체가 명확하지 않으니깐 대답도 엉뚱하게 한다.

그런데 질문에는 존중이 있고 내 생각이 있으며 무엇을 물을지 정확한 내용이 있다. 질문이라는 것은 내가 궁금하게 여기는 것, 모르는 내용을 묻는 것이다. 그런데 학교 문화는 질문하는 것을 굉장히 어렵게 여긴다. 질문하는 방법을 배울 수 없다.

그러나 질문한다는 것은 배울 준비가 되어 있다는 신호다. 유아들은 말을 시작하면서 많은 질문을 쏟아낸다. "엄마, 저거 뭐야? 이건 뭐야? 이건 왜 그래? 왜요?" 질문이 많다. 질문은 배움에 대한 신호를 던지는 일이다. 마치 '나에게 이제 말해주면 알 수 있어요.'라고 하는 것이다.

물어보기 시작할 때 배움의 폭은 점점 더 넓어진다. 그래서 질문할 때 우리는 알려줘야 한다. 이렇게 주고받는 말속에 이 아이는 배움에 대한 준비를 잘해나갈 수 있다.

그러다가 유치원 아이들은 습관적으로 질문한다. 재미로 질문하는 게 이들의 습관이다. 질문하면서 자기 생각과 정서를 말한다. 이렇게 질문하면서 자기가 살아 있다는 것을 확인하고 자기 정체성을 만들어 간다.

그러므로 이 나이의 아이들에게 대답할 때는 정답을 말하려고 노력하지 않아도 된다. 그냥 아이들의 정서에 맞춰서 상상력을 발휘하는 것이 좋다. 만약 "비가 뭐예요? 비는 왜 와요?"라고 질문하면 수증기부터 시작해서 강수량이 어떻게 되는지 말할 필요가 없다.

"이 비가 내려서 우리 운동장에 있는 모든 나무가 그 비를 맞고 충분히 자라고 그 빗물이 강으로 흐르고, 바다로 흘러서 온 세상에 많은 사람에게 행복을 나눠주기 위해서 비가 내리는 거야"라고 대답해 주면 아이들의 머릿속에는 그림이 그려진다. 나무가 비를 흠뻑 빨아들이고 아이들이 나무 사이를 뛰어놀고 하는 그림을 그릴 수 있다. 이런 상상력을 자극해주는 대답을 하면 아이들에게 도움이 된다.

초등학교 1학년은 왜 질문할까? 자기가 말하고 싶은 게 있어서 질문한다. "선생님, 어제 무슨 프로 봤어요?"라고 질문한다. 자기가 봤으니깐 본 얘기를 해주고 싶어서 말한다.

그래서 1~2학년이 하는 질문은 대부분 자기가 말하고 싶은 게 있을 때 한다는 것을 알아두면 유익하다. "그래. 넌 봤어?"라고 물어 봐주면 그때부터 신나게 얘기를 한다. 너무 얘기하고 싶은데 아무도 안 물어봐 주니까 아이들이 질문을 던진다. 그래서 1~2학년은 교사인 우리가 아이들에게 말할 기회를 주는 게 좋다.

초등학교 3~4학년의 질문은 선생님과 대화하고 싶어서

하는 질문이다. 이들은 관심을 받고 싶어서 질문한다. 굉장히 에너지가 많은데 어디 발산할 곳도 마땅하지 않고 친구랑 몸으로 놀 수도 없으니 교회에 가면 말을 하려고 한다.

생각해보자. 아이들이 교회에서 얼마나 많이 말하는가? 이 질문은 매우 중요한 질문이다.

만약 교회에서 아이들이 말이 적다면 교회가 아이들에게 스트레스를 주고 있다고 할 수 있다.

아이들은 교회에서 말이 많다. 학교, 학원, 가정, 교회라는 곳에서 아이들이 가장 편하게 말을 할 수 있는 곳은 어딜까? 아이들은 스트레스를 받는 곳에서는 말을 하지 않는다. 그리고 스트레스를 덜 받는 곳에서 말을 하며 스트레스를 푼다.

그러므로 교회 와서 아이들이 내가 보기에 좀 찡그리는 행동을 하고 떠들고, 장난치고, 치고받고, 갑자기 불을 끄고, 피아노를 막 치고, 통제가 안 되는 것처럼 보이면 이렇게 생각하면 된다. "아, 이 아이는 여기서 스트레스를 풀고 있구나."라고 생각하면 된다.

또한 아이의 행동을 통해 무엇을 알 수 있는가? 거꾸로 말하면 교회에서 스트레스를 덜 받는다는 것이다. 그런데 아이들이 교회에 와서 조용하다면 문제가 있는 것이다. 교회에서 스트레스를 받아서 다른 곳에 가서 푼다는 것이다.

그러므로 아이들이 조용하면 안 된다. 아이들이 조용하면 아픈 것이다. 스트레스를 받고 있다는 뜻이다. 이런 아이들에게 공과 시간이나 설교 시간에 조용히 하라고 말하면 안 되는 이유가 이 때문이다.

초등학교 5~6학년의 경우, 자기가 아는 내용을 확인받고 싶어서 질문한다. 이 나이의 아이들은 "나는 아는데 선생님은 아세요?"라는 마음으로 질문한다. 그런데 자기가 안다는 얘기를 꺼내는 방법으로 고급스럽게 질문을 하는 것이다. 그런데 언제 알았냐면 어제 알았다. 방금 안 것을 두고 자랑하고 싶어서 못 참는 것이다.

중학생의 경우는 한 가지 질문만 한다. "집에 언제 가요? 언제 끝나요? 언제 먹어요?" 이 질문이다. 모든 답은 집에 가고 싶다는 것이다. 집에 빨리 가야 게임을 하기 때문이다.

대부분 교회는 와이파이가 안 터진다. 그래서 교회에 와이파이가 터지지 않으면 아무런 소용이 없다. 아무리 공간을 잘 만들어 놓아도 와이파이가 잘 안 되면 아이들인 안 온다. 교회학교의 환경은 제일 먼저 와이파이가 잘 터지도록 만들어야 한다.

그런데 어떤 교회는 예배 시간에 핸드폰을 뺏는다. 학교에서 이렇게 하고 있는데 교회도 이것을 한다. 그러면 아이들이 좋아할까? 너무 싫어한다. 뺏어버리는 게 아니라 아이들에게 핸드폰을 돌려줘야 한다. 핸드폰 하면서도 볼 거 보고 들을 거 다 듣는다. 교회가 와이파이를 막는 순간 교회 오지 말라는 뜻이다. 아이들은 그러면 PC방으로 간다.

고등학생의 경우는 이럴 때만 질문한다. 선생님이 혼자 노력하고 수고하는 모습이 안쓰러워서 한 마디 도와주자는 마음으로 질문한다. 무엇인가? 아이들도 질문하면서 교사를 헤아릴 줄 안다.

지혜롭게 질문하는 교사 십계명

1. 아이들이 질문할 때 질문의 의도를 파악하며 들어줘야 한다.
2. 아이들은 질문을 할 수도 있고, 하지 않을 수도 있다.
3. 어려운 질문에는 현실이 아닌 희망을 담아 말해줘야 한다.
4. 말이 되지 않는 질문이란 없다.
5. 질문하는 아이의 수준에 맞게 대답하는 게 좋은 대답이다.
6. 가끔은 질문에 질문으로 되묻자.
7. 자연스럽게 질문이 오고 가는 분위기를 만들자.
8. '왜'라는 질문보다는 '어떤, 어떻게, 뭐라고' 등의 표현을 쓰자.
9. 어려운 질문은 회피하지 말고 같이 고민하며 답을 찾아가려고 노력하자.
10. 머릿속에 그림을 그리듯 대답해 주면 아이들의 기억에 오래 남는다.

3. 아이의 입이 열리는 것을 목표로

우리는 부흥을 기대한다. 하지만 부흥은 아이들이 얼마나 말하고 있는지에 따라 달라진다. 이것은 우리가 어떤 목표를 가지고 교육을 진행하는지와 관련된다. 그동안 우리는 교사 중심, 어른 중심에서 벗어나지 못했다.

한국 축구를 예로 들어보자. 한국 축구의 패스는 지금까지 백 패스를 많이 했다. 아니면 옆으로 하는 횡패스를 했다. 그런데 한번 생각해보자. 왜 뒤나 옆으로 패스했던 걸까? 그것은 안전하기 때문이다.

한국 축구는 그동안 욕먹는 게 두려워서 계속 뒤로, 때로 옆으로 패스했다. 가장 안전하고 실패할 확률도 비교적 적으니깐 그렇게 하면서 욕도 덜 먹었다. 그게 정석이라고 생각하고 다 그렇게 했다.

그런데 갑자기 손흥민이 나타났고 이강인이 나타났다. 이제는 어떻게 하냐? 패스를 앞으로 한다. 그러니깐 적들이 많아 실패할 확률이 높아졌다. 수비수에게 빼앗기기도 한다. 그러나 이로 인해 골도 들어가고 좋은 기회가 생기기도 했다.

무엇이 이런 차이를 만들었을까? 그동안 한국 축구는 뒤로, 옆으로. 횡패스, 뒤로 패스했는데 어떻게 손흥민, 이강인 같은 선수들은 앞으로 패스한 걸까? 무엇이 차이를 가져왔을까? 과연 무엇 때문에 이런 변화가 왔을까? 이 변화의 핵심은 무엇일까? 무엇이 이들을 이렇게 바꾸어 놓았을까? 손흥민과 이강인은 과연 무엇이 다른 걸까? 이런 생각을 하면서 우리의 교회학교를 바라보자.

지금껏 우리의 패스는 우리 편을 보고 안전한 패스를 했다. 하지만 왜 축구를 하는지는 잊었다. 우리가 축구를 하는 이유는 사람들에게 욕 안 먹으려고 축구하는 것이 아니다. 내 플레이에 실수를 안 하려고 하는 게 아니다. 축구를 하는 이유는 골 넣어 이기려고 하는 것이다.

목적을 잃어버리면 엉뚱한 짓을 하게 된다. 남에게 욕먹을까 봐 두려운 나머지 경기를 즐기지 못하고 두려운 마음에 공을 찬다. 그런데 안전하게 할 생각을 하면 다른 어떤 것도 시도하지 못한다.

우리가 교회학교를 바라보면서 생각의 전환이 필요한 것은 이런 이유 때문이다. 아이들이 교회에 왜 와야 하는지 그 이유를 알려주고, 아이들이 교회에 와서 즐기게 하는 것이 필요하다. 그런데 이런 것이 가능해지려면 기존의 사고를 내려놓고 새로운 사고로 전환해야 한다.

만약 감독과 코치가 선수의 실수한 것을 가지고 "너는 선수 생활을 잘하네, 못 하네."라고 했다면 선수들은 주눅이 들어 안전하게만 하려고 했을 것이다. 그러나 해외에서 뛰는 지도자들은 몇 번 실수했느냐를 따지지 않고 얼마나 적극적인 플레이했는지, 창의적으로 자기의 장점을 살렸는지를 살핀다. 그래서 선수들은 마음껏 경기에 임할 수 있었다.

우리가 생각하는 일반적으로 잘하는 축구는 공을 많이 가지고 있고, 공의 점유율을 높이고, 이 공을 가지고 무엇인가 플레이를 하는 그런 축구였다. 하지만 이런 축구가 아니라 앞으로 한 발이라도 나가는 축구, 상대방을 향해서 전진하는 축구, 그리고 공을 넣어 득점을 만들어 내는, 기회를 만들어 내는 축구가 새로운 시대에 맞게 요구되었다.

한국 교회의 교육도 한국 축구와 비슷하다. 어떤 교육인가? '안전하게, 가만히 있어.'라는 식의 교육이다. 아이들에게 기회를 주지 않는다. 모든 것은 교사가, 목회자가 가지고 있다.

설교 시간에 떠들면 안 된다고 노래를 만들어 부르고, 공과 시간에 떠들면 나쁜 애라고 생각하고 있다. 왜? 안전한 교육을 원했기 때문이다.

그런데 만약 이강인이나 손흥민 같은 선수가 우리 반에 있었다면 과연 조용했을까? "선생님, 그런데요?"라고 묻는 아이들에게 "조용히 해! 찌그러져! 가만히 있어! 끌어내!" 이렇게 했다면, 오늘 우리 교회에 손흥민은 사라진다.

그래서 무엇인가? 무엇을 목표로 삼아야 하는가? 우선 말하기의 주도권이 아이에게 가야 한다. 교회는 한 사람이 좌우하는 공동체가 아니다. 교회는 그리스도의 몸을 이루는 지체들이다. 지체라면 머리가 주인이 아니다. 팔도 주인이고, 손가락도, 발가락도 다 주인이다. 모세혈관이 주인이다. 그러니까 이렇게 할 수 있다. "저는 그 의견에 반대하는데요." 혹은 "그런데요?" 하면서 자기 의견을 이야기할 수 있어야 한다. 내가 혼자 이야기하고 권력을 잡고 가는 것이 아니라 같이 힘을 분배하고 말하게 하는 것이 중요하다.

그런데 옛날에는 주도권을 부모님이 가정에서 가지고 있었다. 오늘날은 부모에게 주도권이 없고 자녀에게 있다. 외식

할 때도 자녀가 먹을 수 있는 것 위주로 고른다. 우리 집도 매운 걸 안 먹은 지가 10년이 넘었다. 아이들이 태어나면서 맵고, 짜고, 자극적인 것을 먹지 않게 됐다. 아이들 입맛에 맞추다 보니깐 먹는 것, 노는 것, 자는 것 모두 아이들에게 넘어갔다.

이 사회도 마찬가지다. 10대와 20대가 모든 소비를 좌우한다. 그래서 새로운 세대를 연구하는 것이다. 젊은 세대가 소비의 중심을 이루기 때문이다. 50대, 60대는 열심히 벌고 못 쓴다.

그런데 교회만 권력이 안 넘어갔다. 아직도 권력을 어른들이 가지고 있다. 교사들이 부서의 권력을 가지고 있고, 부장님이 가지고 있고, 교역자들이 가지고 있다.

내가 분홍색 재킷을 입는 이유는 나에게 권력이 없다는 것을 의미한다. 아이들이 좋아하는 것에 맞추는 것이다. 왜 전문가들이 검은색, 남색, 쥐색, 똥색의 양복을 입는가? 옷이 주는 엄숙함이 있어서다. 그러나 내가 그것을 포기하고 아이들에게 주면 아이들은 주체적으로 주인의식을 갖고, 교회 안에서 자기들의 자리를 찾아갈 수 있다.

공과 수업에서도 마찬가지다. 교육의 현장은 대부분 말하기와 듣기 역할로 나누어져 있는데 소수인 교사는 말하고 다

수인 학생은 듣는 역할을 맡는다. 그러다 보니 늘 문제라고 해도 말하는 교사의 주장이나 생각을 일방적으로 주입하기가 쉽다. 여기에는 아무리 소그룹이라고 해도 주고받는 상호작용이 일어나지 않고 일방적이다.

당연히 질문도 있을 수 없다. 질문이 없으면 건강할 수 없다. 내용이 잘 전달되었는지 아이들이 무엇을 마음에 남기고 가게 되었는지 알 수 없다. 그런데 아이들이 말하지 않으니까 우리는 잘 전달되었는지에만 모든 신경을 집중하고 내가 잘 말하고 있는지만 살핀다. 잘 듣고 있는지는 생각하지 않는다. 그러니 오늘 내가 할 얘기 다 하고 가면 스스로 만족하고 좋았다고 생각한다. 이것은 기독교 교육이 아니다.

기독교 교육은 일반적인 교육과 다르다. 그러면 일반적인 현장과 무엇이 다른가? 기독교 교육은 "기독교"를 가르치는 것이 아니다. "기독교가 가진 내용"을 가르치는 게 기독교를 가르치는 것이다. 설명하고 지시하고 알려주는 것이다. 그러나 공과 시간에는 기독교를 가르치면 안 되고 "기독교적으로" 가르쳐야 한다.

기독교적으로 가르친다고 할 때 기본은 성부, 성자, 성령이 삼위일체 되셔서 서로 개입하시고, 서로 침투하시고, 서로 동역하시는 공동체 그룹으로, 공동체의 모델로 우리는 교육하는 것이다. 그래서 교사와 아이, 그리고 넓게는 아이의 부모와 우리가 함께 연합해서 상호작용을 하면서 같이 하나님 나라를 만들어 가려고 하는 것이다. 절대로 교사가 개인적인 생각이나 주장을 일방적으로 입력하는 게 아니다.

그런데 살아있는 아이들을 데리고 교육하면서 아이들은 조용히 있어야 하고, 찌그러져 있고, 나 혼자 떠든다? 결코 건강한 모습이 아니다. 아이들은 로봇이 아니다.

아이들은 살아있는 생명체이다. 그리스도 예수 안에서 하나님을 아버지로 고백하고, 예수 그리스도를 구주로 고백하는 사람들이 교회이다. 그래서 말이 나오고 질문이 생기고 떠드는 게 당연하다.

그래서 교육이 무엇을 목표로 하고 있는지를 확인하려면 아이들이 입을 열어 상호작용하고 있는 것을 통해서 알 수 있게 된다. 이것은 굉장한 핵심이다. 만약에 교사에게 점수를 매긴다면 이 점을 최고 점수가 나오는 포인트로 봐야 할 것이다. 과연 얼마나 상호작용을 하고 있는가? 얼마나 아이들에게 묻고, 아이들의 질문에 답하고 있는가? 아이들과 얼마나 주고받고 있는가?

또한 교사가 일방적으로 전달하는 방식으로는 그 핵심이 바르게 전달되기 어렵다. 상호작용이 없다는 것은 아이들이 아닌 다른 누군가에게 권력이 있다는 것이다.

권력은 관성의 특징이 있다. 무슨 말인가? 권력은 계속해서 유지하려고 한다. 더 권력을 많이 가져오려고 한다. 그래서 계속 혼자 떠들기를 좋아하게 한다. 이게 말하는 자, 권력을 가진 자의 특징이다. 그런데 계속 말하다 보면 뭘 놓치는가? 잘 들리는지를 놓치기가 쉽다. 들리는 건 관심이 없고 잘 말하는 것만 중요하게 생각하기 때문에 놓치게 된다.

그래서 질문은 교육의 현장에서 교사에게 집중된 권력을 모두에게 나눠 줄 때 가능하다. 교사도 듣고, 학생도 말하는 기회가 많아질수록 서로 더 잘 들리고 잘 이해할 수 있다. 이러한 교육 속에서 얻는 가장 큰 열매가 무엇인가? 학생들이 조화로운 인간으로 성장하게 된다.

조화로운 인간이라는 개념이 무엇인가? 우리는 생각할 때 똑똑한 아이, 공부 잘하는 아이, 훌륭한 아이를 어떻게 정의하는가? '잘 듣는 아이'라고 생각한다. 잠자코 잘 듣는 아이, 설교 잘 듣는 아이, 공과 잘 듣는 아이가 훌륭한 아이라고 생각한다. 그러나 그렇지 않다.

우리가 아는 천재 중의 천재라고 불리우는 아인슈타인은 말한다. 그는 가장 긍정적인 인재는 조화로운 인간이라고 했다. 조화로운 인간은 생각과 숙고가 함께 있을 때 가능하다.

예를 들어, 들은 내용의 자리 잡기이다.

과연 내가 들은 내용이 내 속에 자리를 잡았는가? 어떻게 알 수 있나? 말하기로 알 수가 있다. 그래서 외국어 평가를 할 때 왜 듣기, 말하기를 같이 보는가? 왜 한국 사람들은 듣기는 잘하는데 말하기는 못 하는가? 왜 읽기는 잘하는데, 쓰기는 못하고, 듣기는 잘하는데 말하기는 못 하는가? 숙고하지 않고, 자리 잡기에 관한 생각이 없었기 때문이다.

한국 교회도 그렇다. 설교는 열심히 듣는데 믿지 않는 사람들에게 전도하려고 하면 한마디를 못 한다. 바로 이 과정이 없었기 때문이다. 열심히 듣고, 열심히 읽고, 열심히 배우기만 한다면 잘 훈련된 성도를 만드는 것이다.

하지만 훈련된 성도로 보일지는 모르나 결코 조화로운 성도라고 할 수는 없다. 듣기는 들었는데 생각하고 말하는 게 부족하기 때문이다. 그러므로 아이들의 입을 통해 무엇을 알고 있는지 들어야 한다.

4. 공과보다 더 중요한 건 만나는 것

가르치는 행위는 막중한 의무가 아니라 귀중한 선물로 받아들여져야 한다. 그런데 교사가 어려운 이유는 다음과 같은 이유의 부담이 있어서다. "공과에 대해서 내가 잘 가르쳐야 해. 내가 책임이 있어. 나는 잘 전달해야 해."

가르침은 의무가 아니라 선물이다. 하나님은 우리에게 이 선물을 맡기셨다. 우리는 가르치려고 교사하는 게 아니라 아이들의 영혼과 만나기 위해 이 자리에 있는 것이다.

아이의 영혼과 만난다는 것은 결과 중심의 사역이 아니다. 사역이라고 하면 이 말은 굉장히 목적 지향적으로 들린다. 그래서 어떤 반은 성공한 것처럼 보이고 어떤 반은 실패한 것처럼 보인다.

그러나 우리가 알다시피 신앙생활에 성공이란 없다. 다만 최선을 다할 뿐이다. 그러다 보면 그 안에 하나님과 함께하는 교제를 누리고, 함께하는 공동체의 기쁨을 누리게 된다.

그래서 교육을 할 때도 결과가 아닌 과정 중심의 만남으로 바꿔줘야 한다. 사역이라고 하면 자꾸 결과를 추구하게 되지만 과정 중심으로 생각하게 되면 만남을 중심으로 생각하게 된다.

교사는 사역하는 것이 아니라 만나는 사람이다. 오늘 내가 아이들을 변화시키고, 아이들을 은혜받게 하고, 아이들을 새로 결단하게 하는 게 아니다. 이런 일은 성령 하나님이 하신다. 참된 교사이신 하나님이 하신다. 그래서 교사는 아이들을 만나는 일을 하는 것이다.

우리가 친구를 만나면 이야기를 한다. 밥 먹고 영화 보고 제일 중요한 것 대화를 한다. 그리고 그 대화가 친하면 친할수록, 편한 관계일수록 3시간, 4시간을 떠든다. 그러면서도 나중에 헤어지면 자세한 건 다음에 만나서 또 이야기하자고 헤어진다. 이게 만남이다. 교사는 학생과 이런 만남이 가능해야 한다.

반면 사역은 "내가 이놈의 자식을 변화시켜야 해. 내가 이놈의 잘못된 사고방식을 뜯어고쳐야 해."라고 생각한다. 그래서 사역은 대단히 무겁다. 비장하다. 하지만 만남은 행복하다.

지금까지 우리가 한 일들이 사역 중심이었다고 한다면 축을 만남 중심으로 바꿔야 한다. 그게 가능해지려면 질문하면 된다.

내가 혼자 떠들면 사역이다. 그런데 아이들이 마음껏 질문하는 분위기가 되면 그것은 만남이다. "우리 선생님은 내 질문을 받아 줘. 우리 선생님은 내 질문에 응답해 줘. 때로는 얘기가 끊겨도 좋고, 아니면 얘기를 못 해도 좋아. 내 질문을 우리 선생님은 잘 들어 줘." 이렇게 아이들이 생각하면 굉장히 좋은 만남을 하고 있는 셈이다. 아이들이 선생님을 만나 "얘들아, 자세한 얘긴 나중에 또 만나서 해." 이럴 수도 있다. 좋은 만남이니까 할 얘기가 많다.

이제 우리의 공과 시간 모습을 생각해보자. 우리의 가르침이 끝나면 아이들이 "선생님, 자세한 얘기는 나중에 또 만나서 해요." 이렇게 말하지 않는다. '휴~ 끝났다. 다행이다. 집에 가자.' 이런 얼굴을 하고 있다. 그래서 교사인 나도 힘들지만, 아이들도 교회에서 엄청나게 시달리고 간다는 것을 알아야 한다.

우리가 사역이라고 생각하지 말고 만남으로 생각할 때 우리의 사역이 올바른 방향으로 제자리를 찾을 수 있다. 만남이라고 하면 친구들을 만나고 말씀으로 만나고, 만남을 위해 교회에 간다. 가정에 가서 만나는 것이 심방이고 교회에서 만나서 이야기하면 심방이라고 하지만 이런 것도 실은 만남이다.

또한 우리는 일반적으로 교육을 일정한 목적을 달성하기 위한 사역으로 생각한다. 일정한 목적이란 것은 '내가 뜯어고쳐야 해, 변화시켜야 해, 내가 아이들을 이렇게 이끌어야 해.'라는 하나의 방향성을 뜻한다.

교사는 내용 전달이 얼마나 이루어졌는가를 기준으로 교육의 성과를 평가한다. 그래서 '내가 오늘 준비한 공과를 다 전달했는가? 여기에 진도를 나갔는가?'를 생각한다. 하지만 교회 교육은 교사가 준비한 내용을 다 전달하는 것이 목적이 될 수 없다.

한번 생각해보자. 데이트할 때 할 얘기가 있어서 만난다. 그런데 만나면 얘기는 했는데 다른 얘기만 하다가 정말 해야 할 이야기를 못 한다. 그래서 전화로 이야기하고 또 만나서 이야기한다. 왜 만나면 할 이야기를 놓칠까? 만나면 좋으니까 할 얘기를 못 한다. 이런 게 만남이다. 만나면 좋은 것, 그런 것이 만남의 교육이다.

그런데 반대로 어떤 이야기를 하기 위해 만나는 것은 사업 미팅과 비슷하다. 상대방의 얼굴이 어두운지, 밥을 먹었는지, 무슨 일이 있었는지가 중요한 게 아니라 내가 오늘 할 얘기가 있어서 만났으니깐 내가 할 얘기만 하려고 한다. 거래가 성사되면 되니깐 그 이야기만 하다 간다. 이런 비즈니스 미팅에는 개인적인 관심은 없다. 오직 목적만 있다.

그러면 어떻게 해야 할까? 성민교회 교육의 가장 큰 특징 중 하나는 공과를 먼저 한다. 공과를 먼저 하는 이유는 선생님이 아이들하고 만남에 집중하라는 것이다. 진짜 기독교 교육을 하라는 것이다. 아이들과 마음을 나누고, 삶을 나누고, 살아있는 오늘을 나누라는 것이다. 그러다가 시간을 다 보내면 설교를 들으면 된다. 공과와 설교가 원포인트 메시지니깐 전도사님 혹은 목사님이 말씀을 가르친다. 그러면 그때 잘 들으면 된다.

공과를 먼저 하게 되고 만남에 집중하게 되니깐 도리어 주제에 얽매이지 않고 아이들과 교사들이 편하게 교회를 온다. 지금까지 나의 기억에 모든 좋은 만남은 주제에 얽매이지 않았었다. 생각나는 대로 이야기하고, 생각나는 주제로 이야기했다. 한 번도 이런 주제를 나눠야지 하면서 만나지 않았다.

기독교 교육도 마찬가지다. 내가 준비한 것을 다 전해야지가 아니다. 아이와 오늘 행복한 만남을 갖는 것이다. 그러면 아이의 머릿속에는 교회에 관한 생각, 이미지가 바뀐다. 교회는 좋은 곳이고, 교회는 행복한 곳이라고 생각이 바뀐다. 이것이야말로 바꿀 수 없는 가치이다.

'교회는 나를 좋아하고, 선생님들은 나를 행복하게 여겨주고, 선생들은 나를 기뻐한다.' 이 가치가 아이들 마음에 들어오면 부모들은 다 맞벌이로 바빠서 나에게 관심도 없는데 교회 선생님이 내 이야기를 들어준다? 그러면 아이들이 교회를 온다.

5. 진도보다 더 중요한 것

교사가 하는 가장 중요한 일이 공과의 진도를 나가는 거라 생각한다면 아이들의 지성이나 정서 또는 의지적인 변화를 이끌어낼 수 없을 것이다. 이것은 매우 단순한 기준이다.

지금까지 진도를 다 나갔지만 아이들이 바뀌었는가? 그렇지 않다. 진도를 나갔다는 것에 대해 선생님만 좋아한다. "내가 오늘 해냈어. 난 오늘 내가 할 바를 다 해냈어." 이런 성취감, 안도감을 느낀다.

그러나 안타깝게도 아이들에게는 아무 의미가 없다. 그런데도 아직도 진도에 목숨을 건다. 그러므로 진도에 목숨 걸지 말고 과정에 집중하고, 얼마나 마음을 열고 아이들과 소통했는지를 생각해야 한다.

우리가 하는 교육은 이 땅에서 살필 수 있는 게 아니다. 결과는 나중에 천국 가서 보게 될 것이다. 이 점을 놓치기 때문에 자꾸 교육내용에만 우리의 시선을 가두게 된다.

그런데 결과를 10년 후, 20년 후, 100년 후에 얻게 되는 것으로 생각하면 그 결과가 나타나기까지 일상적이고 소소한 과정을 누리게 된다. 과정이 열매이다. 우리가 아이들과 만나는 대부분의 시간은 과정이다.

나 역시도 마찬가지다. 매주 설교하면서 "내가 오늘 은혜를 끼쳐야지. 내가 오늘 이 사람들을 변화시켜야지. 내가 오늘 부흥을 일으켜야지." 이런 마음으로 설교하면 설교를 끝낼 수 없다.

하지만 과정이라고 생각하면 설교를 끝낼 수 있다. 이런 과정들이 모여 언젠가는 변화될 것을 믿기 때문에 몫을 남겨둘 수 있다.

이런 마음이 있기 때문에 설교할 때도 한 제목으로 8번, 10번 하기도 한다. 왜냐하면, 시간이 다 되면 다음 주에 이어서 설교를 하면 된다고 생각하기 때문이다. 조금씩 조금씩 하고 또 해도 된다.

그러면서 교인들이 한 번에 변하지 않지만 조금씩 조금씩 조금씩 조금씩 변해가는 게 보인다. 그러니 나도 행복하고 교인들도 행복하다. 우리는 과정을 누리고 있다.

그래서 선생님들에게도 이런 말씀을 드리고 싶다. 아이들이 한 번에 안 바뀌면 어떤가? 아이들이 한 번에 달라지지 않으면 어떤가? 상관없다.

지금 내 눈에 안 보여도 성령께서 일하고 계심을 믿기 때문에 우리는 괜찮다. 이 아이가 오늘 내 앞에 있다는 자체만으로도 이 아이에게는 너무나 큰 일이 일어나고 있음을 기억하자.

6. 가르치는 게 아니라 반응하는 것

　교사와 아이들이 생생한 만남을 하고 있다는 것은 아이들이 마음껏 이야기할 수 있다는 것을 의미한다. 생생한 만남이 되려면 교사 혼자 말해서는 안 된다. 아이들이 마음껏 얘기할 수 있어야 한다. 그것이 생생한 만남의 과정이다.

　초등학교 1학년 아이들에게 설교하다 보면 여기저기서 손을 들고 막 아이들이 엉뚱한 소리를 한다. "선생님, 그런데요. 어제 우리 엄마가 이마트를 갔었는데요." 하면서 엉뚱한 이야기를 한다. 그러면 담임 선생님은 가슴을 졸이면서 아이의 입을 막으려고 한다. 그런데 나는 이런 아이를 만나면 가서 이렇게 한다. "그래서? 그래서 어떻게 됐어?" 그러면 "거기 고등어가 있었는데요." " 그래? 그 고등어가 왜?" "고등어가 눈을 동그랗게 뜨고 있었어요." "그래서 고등어가 뭐라고 그랬어?" 이렇게 아이들이 하고 싶은 이야기를 할 수 있도록 받아준다.

그런데 선생님들의 표정은 창피해하고 어쩔 줄 몰라 한다. 그런데 이것보다 더 중요한 것은 이 모습을 다른 아이들이 열심히 보고 있다는 점이다.

아이들이 주목하고 있다. 무엇인가? 어떤 의미가 있는가? 나는 아이들의 이야기를 끝까지 다 들어주고 "어. 그래. 알았어. 다음에 그 고등어 또 만나면 꼭 얘기해 줘. 또 얘기해 줘. 고마워."라고 한다. 그리고 "자, 그럼 이제."라고 하면 아이들은 하나같이 나에게 주목해준다.

말도 안 되는 이야기를 했다는 것을 자기들도 안다. 그런데 아이의 입을 막지 않는 걸 보며 자기 편이라는 것을 안 것이다. 그러면 그다음부터 하나가 되어 말씀을 듣는다.

예수님의 비유에 99마리 양과 한 마리 양의 비유를 생각해보자. 목자가 99마리의 양을 두고 한 마리 양을 찾아간다. 이것은 정말 말이 안 되는 상황이다. 바보가 아닌 이상 99마리 양이 훨씬 중요하지, 왜 한 마리 양을 찾아가겠는가? 그 사이에 99마리 양이 흩어지면 더 큰 일이 생길 텐데 말이다. 그래서 우리는 한 마리를 그냥 잃어버리면 되지 99마리 양을 두고 떠날 생각을 하지 않는다.

그런데 성경은 반대로 말한다. 한 마리를 위해 찾아간다는 것은 "아, 나도 언젠가 길을 잃어서, 나도 언젠가 혼자 떨어지게 되면, 우리 목자님은 나를 끝까지 찾아올 것이다. 우리 목자님 나를 버리지 않는다."라는 생각을 준다. 그래서 99마리는 절대로 딴 데로 가지 않는다. 오히려 목자에 대한 확실한 신뢰를 두고, 목자님에게 목숨을 거는 양들이 된다. 그러므로 한 마리를 찾아가는 일은 한 마리를 위한 것도 되지만, 더 중요한 건 나머지 99마리 양을 위한 것이기도 하다.

교사들도 한 명의 질문에 귀를 기울여 주고, 엉뚱하고 정말 말도 안 되는 질문, 유치한 질문이라도 끝까지 듣고 최선을 다해 답변하면 그 순간 모든 아이가 선생님 편이 될 것이다. 이것은 어마어마한 일이다.

또한 아이들은 상상력이 풍부하다. 이것은 엄청난 에너지다. 그 에너지를 받아줘야 한다. 에너지를 발산하는 아이의 일부만 받아 주면 말하지 못한 다른 아이들은 안심한다. 안심하면 마음을 열고 하나가 된다.

그래서 아이들은 질문을 통해서 모르는 것을 해결 받는다기보다는 자신의 정서를 드러낸다. 이것이 매우 중요한 가르침의 팁(tip)이다. 그 어떤 말도 들어주라! 시간을 낭비하는 게 아니라 교사가 시간을 들여 헌신하고 있는 셈이다.

혹은 한 아이가 계속 불편하다고 얘기를 하거나 덥고 춥고 배고프다고 할 때도 있다. 전혀 맞지 않는 이야기를 하고 있는 것처럼 보이지만 이런 말은 자기의 정서를 드러낸 것이다. 아이는 우리가 자신의 정서를 알아주기를 바라고 있다.

그래서 교회학교 교사는 질문을 잘 들어주고 반응하는 역할을 잘 감당해야 한다. 이 역할을 하면 아이들을 잘 도울 수 있다. 우리의 역할은 도와주는 것이다. 가르치는 게 주된 역할이 아니고, 변화시키는 게 사명이 아니다. 우리의 역할은 아이의 반응에 잘 응답해 주는 일이다.

이렇게 아이의 말에 반응해주기 시작하면 아이들과 교사들은 지금까지는 보지 못했던 소박한 일상을 소중하게 여길 수 있다. 결과에 매여있지 않기 때문에 과정에서 행복한 포인트를 찾을 수 있다. 우리 반이 올해 몇 명이 늘었는지를 생각하면 결과만 보게 되지만, 순간순간 보람이 있었는지, 의미가 있었던 일들은 무엇이었는지를 살피면 교육이 행복으로 바뀐다.

가정에서도 마찬가지다. 10등 하던 아이가 이번에 3등, 4등이 되었다는 게 중요한 게 아니고 부모와 얼마나 아름다운 시간을 보냈는지가 중요하다. 이 점을 더 신경 써야 한다.

7. 아이가 좋아하는 것을 발견하는 교회 교육

　내가 지향하는 교육은 아이가 가지고 있는 것을 발견하도록 도와주고, 아이가 좋아하는 것을 계속할 수 있도록 응원하는 일이라고 생각한다. 마치 꿈을 먹이는 것과 비슷하다.

　그래서 기독교 코칭이란 하나님이 아이들에게 이미 주신 하나님의 가능성, 하나님의 충만한 사랑을 다시 한번 일깨워 주는 일이라 생각한다. 이렇게 생각하면 교사는 내가 가르치는 것이 아니라 그 아이가 가지고 있는 그 아이의 장점을 끌어내는 것으로 바뀐다.

　그러므로 우리가 생각할 때 아이가 배라는 과일의 열매 맺으면 좋겠다고 가르치면 별로 효과적이지 않을 수 있다. 사과 씨를 가지고 있는 아이에게 배가 되었으면 좋겠다고 말하는 것은 무의미하다. 그런데도 많은 부모와 교사들이 이런 일을 하고 있다. 아이가 어떤 나무인지를 알아보지 않고, 무작정 "너는 의사가 되어야 해!" "너는 법학자가 되어야 해!" "너는 목사가 되어야 해!"라고 윽박지르면서 끌고 가고 있다.

그런데 코칭은 이것부터 포기하자는 것이다. 아이가 어떤 나무인지 관심을 가지고 사랑을 가지고 지켜보는 것이다.

나는 신학교 때 굉장히 좌절한 적이 있었다. 어떤 선배가 와서 이야기하는데 자기는 평소에 3시간 기도를 한다는 것이다. 그러면서 하는 말이 3시간을 기도하지 않으면 신학생도 아니라고 했다. 그러면서 3시간을 기도하지 않은 것들이 설교하러 다닌다고 자기는 짜증 나 죽겠다고 말했다.

그 말을 듣고 나는 이렇게 살면 안 되겠다고 생각했다. 그리고 3시간 기도하는 선배를 보고 자극을 받아 따라가려고 했다. 그런데 너무 힘들었다. 나에게는 이제 막 돌 지난 애가 있고 신대원을 다니고 있었다. 신대원 과제가 엄청 많은데 공부하면서 3시간을 기도하다니, 불가능했다.

그런데 그때 딱 드는 생각이 있었다. "융희야! 너는 지금 3시간 기도할 때가 아니다. 돌 된 네 아들을 돌보며 아내와 함께 집안 가사를 돌보며 교회 일을 하며 학교에 다니는 것만으로도 충분하다."

그러면서 한 가지 더 든 생각이 있었다. 선배 교회의 성도들은 얼마나 불행할까? 왜냐면 3시간 기도하는 목사님이 나에게 말한 것처럼 말할 게 뻔하기 때문이다. 3시간 기도를 안 하는 성도는 성도가 아니라고. 3시간도 기도 안 하면서 교회 와서 무슨 봉사를 한다고 그러고 앉아 있냐고 그럴 게 뻔했다.

나는 그때 3시간을 기도하지 못했지만, 나만의 방법을 찾기 시작했다. 3시간만큼 말씀 보고, 3시간만큼 전화하고 심방하고, 3시간만큼 사람들에게 사랑 고백하고 그들을 품어주었다.

그러면서 내가 한 가지 발견한 중요한 원리는 신앙은 대화라는 것이다. 특별히 하나님과 대화하고 이웃과 대화하는 것이다. 그리고 제일 중요한 건 나 자신과의 대화이다. 나와의 대화는 내가 진짜 잘하는 게 뭐지? 내가 정말 원하는 게 뭐지? 이 질문을 자신에게 하는 것이다.

아이들에게도 물어보면 아이들의 눈에 눈물이 맺힌다. 처음 듣는 아이들이 많아서다. "네가 제일 원하는 게 뭐니? 네가 제일 하고 싶은 게 뭐니?"

내가 세운 목표가 아니라 아이가 자신의 비전과 잠재력을 발견하여 당면한 문제를 해결하고 목표를 달성하도록 도와주는 것이 교육의 목적이어야 한다.

그래서 좋은 목표란 아이의 특별함을 말해주는 것이다. 너에겐 너만의 특별함이 있고 너는 아주 특별한 존재고 너에게는 하나님의 목표가 있다는 걸 말해주는 것이다. 그리고 목표를 자각하면 현재를 책임지게 된다.

코칭이 목표와 현재의 갭(gap)을 줄여주는 것이라고 한다면, 먼저는 그 아이에게 있는 참된 목표를 끌어내고, 그 목표를 자각하게 되면 삶은 자연스럽게 달라진다. 현재의 문제가 이제는 중요해지지 않는다.

교회에 오는 아이들을 이렇게 특별한 아이로 바라보게 되면 아이에 관한 생각이 바뀐다. 공부 못하는 아이라고 단정하는 말이 아니라 따뜻한 아이, 웃음을 주는 아이, 즐거운 아이, 행복한 아이, 노래하는 아이, 그림 그리는 아이, 요리하는 아이, 잘 먹는 아이로 발견해야 한다.

선생님들은 아이들이 뭘 잘하는지를 발견해 주고 "그게 돼!"라고 말해주는 사람이다. 떡볶이를 백번 사주고, 피자를 사주는 것보다 더 중요한 건 그 아이들한테 "너는 뭐가 돼야겠다"라고 말하는 사람이다. 아이 안에 있는 것을 선생님이 보고 그것과 마주하게 될 때 감동을 받는다.

그런데 목표를 세워도 두려움이 크다. 그래서 두려움을 해

소해줄 수 있어야 한다. 두려움을 사라지게 하려면 영적 치유와 내적 치유가 이루어져야 한다.

먼저 영적 치유는 하나님께 소외된 영혼이 하나님을 만나 구원과 영생을 얻어 새롭게 되는 것이다. 하나님으로부터 떠나있던 백성이, 죽어있던 백성이, 주를 만나게 되는 것, 주를 영접하게 되는 것. 이것이 영적인 치유이다. 그런데 이것은 일회적이고 강권적인 역사다.

그래서 영적 치유를 받은 사람은 그다음으로 이어질 수 있는데 그것이 두 번째 내적 치유다. 내적 치유는 하나님을 모르던 소외된 영혼에 붙어있던 잘못된 인식을 바꿔나가는 것이다. 이것은 지속적인 의지가 필요하다.

교회에 오는 아이들은 예수님을 믿는 아이들이다. 이 아이들이 구원의 확신이 있다고 한다면 그다음으로 필요한 것은 내적 치유이다. 내적 치유는 하나님을 믿기 전에 원래부터 있던 아이의 삶의 찌꺼기들을 걸러내서 두려움들을 제거해주는 것이다.

이렇게 두려움이 사라지면 그 자리에 하나님의 평안, 확신, 축복의 말씀을 넣어주어야 한다. "한 주간 선생님이 너를 너무 보고 싶었고, 하나님이 너를 너무 사랑하시고, 너의 모든 것을 주님께서 너무나 귀하게 여기시고, 너의 앞날을 위해서 하나님께서 축복해주신단다. 하나님의 말씀을 약속으로 믿고 정말 잘 지내길 바란다." 아이에게는 누군가가 확신을 주는 말씀이 필요하다.

그럴 때 아이는 꿈을 먹어서 꿈 너머의 진짜 꿈을 꾸게 된다. 이것이 바로 하나님이 이 아이에게 주시는 사랑과 평안과 긍휼과 자비와 하나님의 역사하심이다. 만약 아이가 법관이 되는 꿈을 가지고 있다면 하나님이 그 법관이 돼서 너를 통해서 하시려고 하는 게 무엇일지를 찾는다. 아이가 운동선수가 되고자 한다면 운동선수를 넘어서 하나님께 드릴 영광은 무엇인지를 함께 찾는 일이다.

복음은 완전한 새로운 뉴스이다. 우리가 생각하는 뉴스는 사건·사고가 자주 일어난 것만 생각한다. 그러나 진짜 굿 뉴스(good news)는 지금까지 듣던 인과응보, 권선징악을 넘어서는 것으로 하나님이 나에게 놀라운 일을 행하시고, 나의 현재를 넘어서 놀라운 꿈을 갖고 계시고 하나님이 그 꿈으로 너를 인도하신다고 하는 완벽한 굿 뉴스를 전해주는 일이다.

이런 이야기가 있다.

"자네 꿈이 뭔가?"

"네? 솔직히 말씀드리며 금융권 대기업 직원인데요."

"아니, 그런 거 말고. 꿈 말이야!"

"...네? 저는 회사 다니는 건데요."

"어떤 직업을 갖는 것. 그게 꿈일 수는 없지 않은가?"

"아니, 전 그게 꿈인데요."

"그럼, 회사에 들어가면 자네의 꿈은 이루어지는 건가?"

"음. 그게. 그때 가면 다른 꿈이 또 생기겠죠."

"그것 참 편하군. 내가 보기에 자네가 말한 그 꿈은 계획에 지나지 않네. 그리고 그 계획도 자네 스스로가 짠 게 아니지!"

"음. 그게. 무슨 말씀이신지 모르겠어요."

"어렸을 때 어른들이 이런 질문을 하셨지. 넌 이 다음에 커서 뭐가 되고 싶냐고? 그때 자네가 했던 대답이 대기업 직원은 분명 아니었을 거란 말이야."

"하하. 그건 그렇죠! 9급 공무원도 분명 아니고요. 그런데 꿈이 밥을 주진 않잖아요."

"지금 자네에게 필요한 건 밥이 아니야. 죽기 직전에 말이야. 못 먹은 밥이 생각나겠는가? 아니면 못 이룬 꿈이 생각나겠는가?"

이런 대화처럼 아이들에게 꿈을 물어보면 직업을 말하는 친구들이 많다. 부모님도, 선생님도 그렇게 생각하는 것처럼 느껴질 때가 있다. 그러나 이런 것은 꿈이 아니다.

아이들이 좋아하는 것을 발견하는 5가지

진짜 꿈을 찾는 데 필요한 것을 다섯 가지 C로 설명하고자 한다.

첫 번째 C는 확신(Conviction)이다. 교회에 나오지만, 확신이 없는 아이들이 많다. 그래서 교회는 나오지만 항상 두렵고 불안하다. 공부는 하는데 미래에 대한 확신이 없다. 심지어 부모님이 나를 사랑한다고 해도 확신이 없으니 모든 것을 의심하고 자꾸 상처받는다. 우리가 기도해야 할 포인트다. 아이에게 확신을 주기 위해 기도해야 한다. 목표가 없으면 회개가 없다. 자기가 어떤 상태인지 알 수 없다.

두 번째는 교통(Communion)이다. 확신은 있는데 하나님과 깊은 내면의 교통이 없는 아이가 있다. 기도를 할 줄 몰라서 그렇다. 이런 아이는 한 해 동안 기도를 어떻게 해야 하는지, 말씀을 왜 잃어야 하는지, 예배를 어떻게 드려야 하는지를 알려줘야 한다. 예를 들어, 1년 동안 내 목표는 이 아이에게 기도만 알려주는 것, 혹은 이 아이의 예배가 바로 서는 것, 이 아이가 말씀을 찾게 되는 것을 목표로 삼을 수 있다.

세 번째 C는 대면(Confrontation)이다. 대면이란 나의 현실을 바라보는 눈을 열어 주는 것을 뜻한다. 현실에서 도피하는 아이들이 얼마나 많은지 모른다. 내게 있는 모습 그대로를 보지 못하고, 남들이 말하는 나를 자꾸 따라가려고 하고 부모님이 말하는 내가 되려고 하고, 연예인을 따라가는 그런 아이들이 많다. 또한 시험 때만 되면 체하고, 시험 때만 되면 밀려 쓰는 아이들이 있다. 이런 아이들은 두려움에 사로잡혀서 현실을 대면하지 못해서 그렇다.

네 번째 C는 책임(Commitment)이다. 다 잘하는데 책임감 없는 아이들이 있다. 일은 잘 벌이는데 마무리를 못 하는 아이들이 있다. 신나게 준비하다가 금방 기운이 달려서 못하겠다는 아이들이 있다. 현재를 대면한 아이들은 책임질 수 있는 아이로 성장해야 한다.

마지막으로 C는 자신감(Confidence)이다. 자신감은 다른 사람도 구원받을 수 있도록 예수님 앞으로 끌고 가는 능력, 리더십을 말한다.

우리가 아이들의 목표를 잡아 주지 못하면 이 아이들은 평생 겉돌게 된다. "네가 정말 원하는 게 뭐냐?" 이 질문을 던지고 기다려 줘야 한다. 그래야 이 시대가 찾는 영재를 넘어서서 하나님이 원하시는 믿음의 영재, 믿음의 위인, 별처럼 빛나는 이 시대의 훌륭한 인물로 성장할 수 있다.

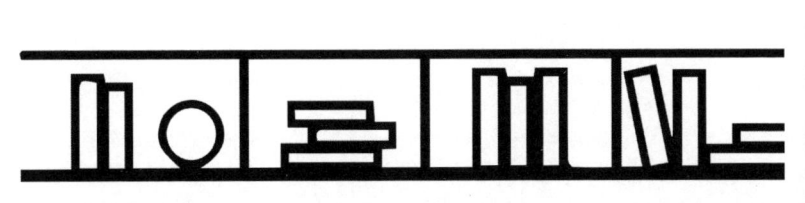

부록

분홍목사의
교육 자료 대방출

담임목사로 부임 후 세운 5년간의 교육정책

2015년 11월에 성민교회에 담임목사로 부임해서 곧바로 2016년의 목회계획을 세우는 정책 당회를 치렀다. 먼저 나 자신이 아직 성민교회를 잘 모르는 지도자임을 인정했다. 그리고 당회원들에게 물었다. "과연 5년 후, 10년 후에 성민교회가 어떤 모습으로 발전하고 성장하면 하나님의 뜻을 이루는 교회가 될까요?" 이 질문에 당회원들이 각자의 답을 주셨고 그 답을 화이트보드에 모두 적었다.

이 중에서 중복되는 답들을 하나하나 지워나갔고 마지막에 모인 세 개의 의견을 후보로 두고 투표를 진행해서 나온 답은 "화평한 교회"였다. 100년이 넘은 모 교회에서 싸우다 싸우다 지쳐서 개척해 나와 세워진 성민교회로서는 당연한 귀결이 아닐 수 없었다. 그래서 당회원들의 뜻을 존중하여 2016년 교회 표어를 "평안하여 든든히 서가는 교회"로 정하고 온 교인이 말씀과 예배, 교제로 하나 되는 신앙공동체가 되고자 모든 노력을 다했다.

그렇게 2016년이 마무리되어 갈 즈음, 당회원들이 내게 물어왔다. "목사님, 이제 우리 교회는 평안해졌습니다. 이제 목사님의 목회를 하시면 어떨까요? 어떤 목회를 하길 원하십니까?"

그래서 이런 말씀을 드렸다. "장로님들, 화평한 교회, 평안한 교회 참 좋으시죠? 하지만 이것은 교회의 기본이지 사명은 아닙니다. 이제 우리 같이 교회의 사명을 감당하는 일에 헌신해 보시면 어떨까요?" 그러면서 다음 세대를 믿음으로 세우는 5개년 계획을 들고나왔다. 당회원분들은 두 손 들고 환영하셨고 매년 최선을 다해 다음 세대 목회에 마음과 뜻을 모아 최선의 노력을 다해주셨다. 그렇게 성민교회는 다음 세대를 위한 교회로 탈바꿈되었다. 다음 세대를 위한 5개년 계획의 표어와 본문 말씀, 그리고 취지는 아래와 같다.

< 성민교회 다음 세대를 위한 5개년 계획 >

2017년 : 다음 세대를 부지런히 세우는 교회(신6:6~7)
 – 다음 세대 발전을 위한 환경과 설비를 조성하는 해
2018년 : 다음 세대를 부지런히 살피는 교회(잠27:23~24)
 – 다음 세대의 마음을 살펴 신앙의 성장과 성숙을 위해 힘쓰는 해
2019년 : 다음 세대를 부지런히 살리는 교회(시102:18)
 – 다음 세대를 위하여 기록된 말씀 교육에 집중해서 영혼을 살리는 해
2020년 : 다음 세대를 부지런히 양육하는 교회(렘3:15)
 – 다음 세대를 양육할 교사와 리더, 후원그룹을 튼튼히 세우는 해

2021년 : 다음 세대를 부지런히 채우는 교회(합2:14)
– 다음 세대의 부흥을 통해서 건강한 교회의 사명을 잘 감당해가는 해

◎ 1년 차 표어 : 다음 세대를 부지런히 세우는 교회

[신 6:6~7] 오늘 내가 네게 명하는 이 말씀을 너는 마음에 새기고 네 자녀에게 부지런히 가르치며 집에 앉았을 때에든지 길을 갈 때에든지 누워 있을 때에든지 일어날 때에든지 이 말씀을 강론할 것이며

  2017년은 교회학교를 활성화하는 해이다. 이는 선택이 아니라 오늘날 교회에 부여된 사명이며 교회가 이 시대의 소망을 담은 믿음공동체로 존재하는 기본 전제가 된다.
  어린이와 청소년들이 교회를 집처럼 여기고 더 편안하게 머물면서 신앙의 유산을 누리며 살아가는 것은 다음 세대에게 하나님의 말씀을 부지런히 가르칠 수 있는 환경을 만들어 주는 아주 중요한 일이다.
  그래서 성민교회는 어린이와 청소년들이 더 좋은 환경에서 보다 내실 있는 프로그램 속에 하나님의 말씀을 배우고 서로 사랑하고 부모 세대의 신앙을 전수하여 새 시대를 열어가

는 믿음의 리더로 세워지는 것을 목표로 세웠다. 이를 위하여 필요한 제반 시설을 마련하고 필요한 예산을 확충하며, 기도하고 협력하는 일에 당회와 온 교회가 힘을 모아서 내일의 성민교회, 나아가 한국교회의 주인공이 될 다음 세대를 부지런히 키워내는 한 해가 되어야 할 것이다.

◎ 2년 차 표어 : 다음 세대를 부지런히 살피는 교회

[잠언 27:23~24] 네 양 떼의 형편을 부지런히 살피며 네 소 떼에게 마음을 두라 대저 재물은 영원히 있지 못하나니 면류관이 어찌 대대에 있으랴

우리는 2017년 한 해를 "다음 세대를 부지런히 세우는 교회"(신6:6~7)로 변화되는 다음 세대 부흥의 원년으로 삼고 최선을 다해서 신앙의 경주를 해왔다.

이를 위해서 교회학교와 장년의 주일 예배 시간을 조정하여 다음 세대가 교회에 머물 시간을 만들고, 가정예배를 시작해서 교회와 가정을 연계시키고, 유아들을 위한 놀이시설인 '천사의 뜰'을 만들어 교인과 외부에 개방함을 통해 우리 교

회의 주요 관심이 무엇인지 확고하게 밝히고, 어린이들을 위한 교육 시설을 강화하고 청소년들을 위한 운동시설을 만들고 찬양 레슨을 시행하고, 부서 간 졸업생과 신입생의 연계를 위해서 브릿지 캠프를 열고, 부산지역 청소년 연합집회 "예배의 증인"을 유치하는 등 지난 한 해 우리의 노력과 수고는 실로 의미 있는 것이었다. 이러한 노력은 교육관과 주차장 증축을 통해서 다음 세대 교육을 위한 환경 및 설비를 훌륭하게 갖추는 열매로 더 큰 기대를 낳고 있다.

이러한 때에 우리는 이제 다가오는 2018년 한 해를 "다음 세대를 부지런히 살피는 교회"(잠27:23~24)로 더욱 성장해 가는 해로 선포하고 다음 세대 교육의 질적인 부분을 더욱 세밀하게 만들어 가고자 한다.

이를 위해 교육부서의 담당 교역자를 보완하고 교사 교육을 통해 교사의 질을 높이며, 교회와 학생, 교사와 학부모 간에 소통을 강조해서 다음 세대 한 명 한 명의 마음을 알아주고 보듬어주고 실질적으로 도와줄 수 있는 교회가 되도록 하겠다.

또한 이를 위해 각 부서의 주일예배를 더욱 은혜롭게 강화하고 공과 학습과 활동을 재미있고 알차게 꾸려감으로써 본격적인 다음 세대를 하나님의 백성으로 양육하는 계기로 삼겠다.

또한 다음 세대뿐 아니라 장년 세대 또한 성장하고 성숙해 갈 수 있도록 예배를 더욱 은혜롭게 드릴 수 있도록 찬양팀을 강화하고 우리 교회의 좋은 전통을 잘 계승하여 모두가 함께 행복하고 은혜로운 교회 생활을 할 수 있도록 건강한 교회의 초석을 마련하는 한 해가 되도록 기도하며 준비하고 있다.

◎ 3년 차 표어 : 다음 세대를 부지런히 양육하는 교회

[렘3:15] 내가 또 내 마음에 합한 목자들을 너희에게 주리니
그들이 지식과 명철로 너희를 양육하리라

우리는 2017년부터 다음 세대 교육을 통한 교회 부흥을 꿈꾸면서 5개년 계획을 세우고 그 첫해로 "다음 세대를 부지런히 세우는 교회"(신6:6~7)라는 표어 아래 교육 시설을 확충하고 환경을 개선하여 교회학교 부흥의 미래가치를 붙잡기 시작했다.

또한 올해 2018년에는 "다음 세대를 부지런히 살피는 교

회"(잠27:23~24)로 표어를 세우고 다음 세대 부흥을 위해 최선을 다해서 신앙의 경주를 해 왔다. 이를 위해서 교육관과 주차장 증축을 완료하고 교역자 보강과 가정예배 정착 등을 통해서 다음 세대 교육을 위한 환경 및 설비뿐 아니라 교회적인 관심과 후원으로 다음 세대 교육이 잘 준비된 교회라는 정체성을 만들어가고 있다.

이러한 때에 우리는 이제 다가오는 2019년 한 해를 "다음 세대를 부지런히 양육하는 교회"(잠27:23~24)로 더욱 성장해가는 해로 선포하고 다음 세대 교육의 질적인 부분을 더욱 세밀하게 만들어 가고자 한다.

또한 다음 세대 교육을 전담할 전임교역자를 청빙하고 교사 훈련학교 과정 신설을 통해 교사의 질을 높이며, 부모들과 기성세대의 참여도 끌어내서 교회와 학생, 교사와 학부모 간에 소통과 상호 이해가 이루어지는 교회가 되도록 하겠다. 이를 위해 각 부서의 주일예배를 성경 말씀 중심으로 강화하고 공과 학습과 활동을 교사와 학생 간의 인격적인 만남을 중심으로 꾸려감으로써 다음 세대를 하나님의 백성으로 잘 양육해가는 계기로 삼겠다.

또한 점점 커지는 청년세대의 요청에 따라 주일 3부 젊은이 예배를 신설하여 젊은 세대들이 마음껏 예배할 수 있는 환경을 만들고, 우리 교회의 좋은 전통을 잘 계승하여 모두가 함께 행복하고 은혜로운 교회 생활을 할 수 있도록 건강한 교회의 초석을 마련하는 한 해가 되도록 기도하며 준비하도록 하겠다.

◎ 4년 차 표어 : 다음 세대를 부지런히 인도하는 교회

[사49:10] 그들이 주리거나 목마르지 아니할 것이며 더위와 볕이 그들을 상하지 아니하리니 이는 그들을 긍휼히 여기는 이가 그들을 이끌되 샘물 근원으로 인도할 것임이라

우리는 2017년부터 다음 세대 교육을 통한 교회 부흥을 꿈꾸면서 5개년 계획을 세우고 다음 세대 부흥을 위해 최선을 다해서 신앙의 경주를 해 왔다. 이를 위해서 교육관과 주차장 증축을 완료하고 교역자 보강과 가정예배 정착 등을 통해서 다음 세대 교육을 위한 환경 및 설비뿐 아니라 교회적인 관심과 후원으로 다음 세대 교육이 잘 준비된 교회라는 정체성을 대내외적으로 만들어 가고 있다.

올해는 그 3년 차의 해로 "다음 세대를 부지런히 양육하는 교회"(잠27:23~24)로 더욱 성장해가는 해로 선포하고 다

음 세대 교육의 질적인 부분을 더욱 세밀하게 만들어 가고자 했다. 이를 위해 다음 세대 교육을 전담할 전임교역자를 청빙하고 양육훈련학교 과정 신설을 통해 교사의 질을 높이며, 사랑의 울타리 협약식과 다.모여 기도회 등을 통해 부모들과 기성세대의 참여도 끌어내서 교회와 학생, 교사와 학부모 간에 소통과 이해가 이루어지는 교회가 되도록 했다. 또한 커지는 청년세대의 요청에 따라 주일 3부 젊은이 예배를 신설하여 젊은 세대들이 마음껏 예배할 수 있는 환경을 만들어서 젊은 세대들의 더욱 다양한 예배에 대한 관심을 끌어내고 선택의 폭을 넓혀주는 한 해가 되었다.

이러한 때에 우리는 이제 다가오는 2020년 한 해를 다음 세대 부흥을 위한 4년 차의 해인 "다음 세대를 부지런히 인도하는 교회"(사49:10)로 더욱 성장해가는 해로 선포하고 다음 세대의 질적, 양적 성장과 부흥을 도모하고자 한다.

먼저 부산성시화운동본부와 함께 다음 세대 전도 축제를 공동으로 기획, 준비하여 온 세대가 다음 세대 전도에 초점을 맞추고 기도로 작정하고 적극적으로 다음 세대 전도 사업을 시행하는 한 해로 삼고자 한다. 또한 평북노회 영남시찰 내에 있는 여러 교회들의 유치부와 아동부 어린이들을 위한 여름 캠프 유치함으로 우리 지역에 있는 다음 세대를 전도하는 계기로 삼을 뿐 아니라 우리 시찰 내의 교회들과 연합하고 함께 부흥과 성장을 꿈꾸는 계기를 만들고자 한다. 그리고 올해 큰 반향을 일으킨 비전트립을 확대 시행하여 청소년과 청년들의 신앙과 글로벌 리더로서의 성품 함양에 힘쓰고자 한다.

또한 이제는 '교회학교'라는 개념을 탈피하여 가르치고 주입하고 지적하는 '교육'보다는 본이 되고 길러주고 배움을 돕는 '양육'을 중심으로 한 교회의 분위기를 만들어 가고자 한다.

그래서 먼저 교육위원회를 다음세대위원회로 개명하고 가르치고 교육하는 교사 중심의 교회학교 구조가 아니라 배우고 성장하는 다음 세대 위주의 교회로 바꾸어 가고자 한다.

그리고 교사에게 헌신과 부흥의 책임과 부담을 지우는 교사 헌신예배라는 명칭도 다음 세대 주관 예배로 변경하고 기타 '헌신예배'도 이미 '예배'라는 말속에 '헌신'이라는 의미가 들어있기 때문에 모두 '주관예배'로 변경하고자 한다.

이러한 변화 속에서 다음 세대가 오고 싶은 교회, 편하게 올 수 있는 가정 같은 교회로 계속 발전시켜 가고자 한다.

◎ 5년 차 표어 : 함께함이 행복입니다

[엡 3:6] 이는 이방인들이 복음으로 말미암아 그리스도 예수 안에서 함께 상속자가 되고 함께 지체가 되고 함께 약속에 참여하는 자가 됨이라

  2020년 2월부터 시작된 코로나19의 여파는 올 한 해 교회의 모든 사역과 목회계획에 큰 영향을 미쳤다. 우리가 계획했던 일들을 진행할 수 없게 될 수도 있다는 것은 매우 충격적이었지만 또한 이 위기를 겪으면서 우리는 우리의 계획이 그만큼 절대적인 것이 될 수 없고 오직 하나님의 뜻에만 귀를 기울여 말씀이 인도하시는 대로 가야 하는 날도 우리에게 언제든지 올 수 있음을 깨닫는 계기가 되었다.
  그래도 이 절체절명의 위기를 우리 교회가 잘 이겨낼 수 있었던 데는 코로나19의 위기가 오기 전부터 미리 다음 세대 중심의 사역과 이를 통한 교회의 하나 됨을 위해서 힘쓰고 애썼던 당회의 결단과 준비가 있었음을 우리는 감사하며 긍정적인 상황으로 여긴다. 또한 이런 예기치 못한 위기에 능동적으로 대응할 수 있도록 교역자들이 미리 준비되어 새로운 환경에서의 목회 사역에 무리 없이 적응할 수 있었던 것도 우리 교회가 올 한 해를 의미 있게 보내는 데 큰 역할을 하였다.

그래서 2021년도에는 우리 교회가 2017년부터 다음 세대 교육을 통한 교회 부흥을 꿈꾸면서 세우고 진행해왔던 5개년 계획을 잠시 멈추고자 한다. 이보다 코로나19의 위기 가운데서 교회의 기초를 다시 세워가고 이 위기의 상황 가운데서 성도의 영적인 내면과 삶의 건강성을 위해 실질적인 도움을 고민하며 같이 살아남아 2022년의 도약을 준비하는 데 사역의 초점을 두고자 한다.

우리는 이제 다가오는 2021년의 표어를 "함께함이 행복입니다"(고후13:4)로 정하고 여전히 계속될 코로나19의 위협과 비대면 사회 속에서 어떻게 교회와 성도, 가정과 개인의 영적인 부흥과 결속을 다져나갈지 집중하고자 한다. 이를 위해서 [하루 한 장] 말씀 묵상과 함께 온라인 기도실을 준비하여 말씀과 기도의 균형을 잡고, 다자간 화상회의 교육을 통해서 구역예배와 선교회별 모임을 비대면으로 할 수 있도록 하겠다. 또한 다음 세대를 위한 영상과 실시간 스트리밍을 활용한 교육 콘텐츠를 지속해서 제작하고 문고리 심방을 업그레이드하여 성도 간 결속을 강화하도록 하겠다.

◎ 6년 차 표어 : 능히 감당하는 교회

[고전 10:13] 사람이 감당할 시험 밖에는 너희가 당한 것이 없나니 오직 하나님은 미쁘사 너희가 감당하지 못할 시험 당함을 허락하지 아니하시고 시험 당할 즈음에 또한 피할 길을 내사 너희로 능히 감당하게 하시느니라

지난 2021년은 코로나19 2년 차로 계속된 위기였다. 하지만 저희 성민교회는 어려움 속에서도 온라인 예배와 영상 콘텐츠 제작 및 송출을 통한 비대면 신앙 활동이라는 새로운 장을 열었다. 주일예배는 성민교회만의 이미지전개형(PPT) 설교를 준비하여 전 세대가 함께하는 예배로 확장했다. 그리고 다자간 화상회의 프로그램(ZOOM)을 통한 비대면 심방으로 온 가족의 참여를 이끌었고, 방역수칙을 잘 준수하면서 현장 예배의 열정도 다시금 회복하는 성과도 거두었다.

다음 세대 또한 안전하고 은혜로운 주일예배와 여름 행사와 다모여기도회, 교사 강습회 등의 교육활동을 시행하였고 사순절과 대강절 말씀 묵상 등 절기 활동을 통해서 가정에서도 신앙의 끈을 이어갈 수 있도록 세심하게 준비했다. 특히 청소년부에서 40일간 시행한 4 복음서 통독 실시간 스트리밍은 학생들과 학부모들에게 많은 반향을 일으켰다.

또한 새벽기도회 [하루 한 장]이 창세기부터 요한계시록까지 성경 66권, 1,189장 강해를 마무리하고 시즌 2가 시작되어 전 교인들에게 성경에 대한 바른 이해를 심어 줄 수 있는 여건을 마련하였고, 종교개혁기념특강 '루터가 던진 10가지 질문'을 통해서 온 교인들에게 믿음의 본질을 돌아보고 기독교 신앙의 역사성을 회복하는 계기를 만들면서 다음 세대를 포함한 250여 명의 수료자를 배출했다.

이제 코로나19의 위기가 새로운 형태로 2022년으로까지 이어지는 '워드 코로나' 시대를 예측하는 형국이다. 하지만 2022년은 이러한 위기 속에서도 하나님이 우리 교회에 주시는 새로운 내일을 열어갈 소망의 시간이기도 하다. 신앙인은 어려움 때문에 무너지지 않는다. 다만 하나님의 약속을 믿지 못해서 무너진다. 지금은 하나님을 의지하는 믿음이 절대적으로 필요한 때이다. 하나님은 우리에게 시험을 허락하시나 감당할 시험만 허락하시고 또한 시험을 당할 때 피할 길을 내사 능히 시험을 감당하게 하신다(고전10:13).

그래서 우리는 이제 다가오는 2022년 표어를 "능히 감당하는 교회"(고전10:13)로 정하고 여전히 계속될 코로나19의 시험과 비대면 사회 속에서도 우리에게 피할 길을 여시는 하나님을 의지하고 어떻게 우리 교회와 일터, 가정과 개인에게 있어서 영적인 부흥과 결속을 다져나갈지 집중하고자 한다. 이를 위해서 '예배를 통한 부흥과 다음 세대의 건강한 양육과 성장'이라는 우리 교회 본래의 사명에 집중하면서 그동안 잠시 멈췄던 훈련학교와 하사품, 부흥사경회를 재개하고 다양한 절기 활동의 활용, 여러 교역자의 주특기를 활용한 대면/비대면 신앙강좌 준비 등을 통해서 위기 속에서도 새로운 사명을 능히 감당하는 교회로 나아가도록 하겠다.

또한 비대면 개인 선교 후원 운동을 통해서 선교에도 관심을 가지고 기도와 참여를 끌어내고, 지역 내 기독교 학교와 상호 협력하며, 교회 안팎의 구제 활동에도 힘써서 함께 이 위기를 능히 감당해가는 교회의 공적 사명을 다하도록 하겠다. 2022년도 성민교회와 함께하시고 영광을 받으시며 은총을 베푸실 하나님을 기대한다.

당장 써먹을 수 있는 장년 교육 커리큘럼

담임 목회를 처음 시작하는 이들에게 장년 교육 커리큘럼을 새롭게 만드는 일은 여간 어려운 것이 아니다. 부교역자 시절에 제자훈련을 경험하고 공부한 목회자라면 제자훈련을 토대로 교회 전반을 이끌어가는 것도 좋지만 이것만 의지하기보다는 자신이 할 수 있는 신학적 토대를 기초로 내가 섬길 교회의 커리큘럼을 직접 작성해 보는 것이 필요하다.

이런 의미에서 성민교회의 장년 교육 커리큘럼은 줄기가 되는 [하.사.품]과 세 개의 훈련학교를 중심으로 구성되어 있다. 훈련학교란 기존의 성경학교처럼 강의를 듣고 돌아가는 것이 아니라 매주 직접 과제를 해 보고 조별로 토론하고 조를 대표해서 전체 앞에서 발표하고 강사의 코멘트를 듣는 시간을 가지는 과정이다. 매주 이런 시간을 가짐을 통해서 교인들은 직접 말씀을 묵상하고, 기도문을 작성하고, 복음 메시지를 작성하면서 실제로 하나님의 영적인 군사로 변화된다.

성민교회는 이 세 단계 훈련학교를 모두 마쳐야 항존 직분자 후보가 될 수 있다. 아무리 교회 오래 다니고 봉사를 많이 했어도 하나님의 말씀인 성경을 묵상할 줄 모르고 이를 토대로 기도할 줄 모르고, 이를 기초로 복음을 전할 수 없다면 공동체의 리더로서는 준비가 더 필요하다고 할 수 있기 때문이다. 그래서 훈련학교는 성민교회의 핵심 리더를 기르는 과정이다.

그리고 여기에 종교개혁특강 10회 프로그램과 교사와 부모들을 위한 양육훈련학교 등의 교육프로그램을 첨가하였다. 그중 가장 기본이 되는 교육프로그램들의 개요를 살펴보자.

1. 기초신앙교육 [하.사.품]

[하.사.품]은 "하나님 사랑의 품속으로"의 줄임말로써 교리나 성경 내용을 배우기 전에 먼저 내가 받은 은혜를 돌아보고 정리할 수 있는 시간이다. 이 과정은 수강생들이 리 스트로벨(Lee Strobel)의 책 『은혜, 은혜, 하나님의 은혜』를 매주 한 장씩 읽고 모여서 그 책에 소개된 은혜의 실제 사건에 관해서 이야기 나눈다. 그리고 등장인물이 겪었던 것과 유사한 은혜를 나도 받았음을 돌아보고 조별로 서로 고백하며 나누는 시간을 갖는다. 그리고 조별로 대표자가 나와서 조별 나눔 내용을 발표하고 인도자가 나와서 그 주의 주제에 대한 성경 구절을

기초로 하나님의 은혜의 넓이와 깊이를 강의하고 마친다.

* 강의 시간 : 매주 (토) 오후 3:00~ 4:30

* 강의 소개 : 하나님은 삶에 지친 우리를 당신의 크신 품속으로 초대하십니다. 이 초대에 기쁜 마음으로 응하는 자들에게 하나님은 넉넉한 은혜를 부어 주시고 그 은혜를 힘입어 현재의 고난을 이기게 하시며, 전심으로 그분께 경배하게 하시고 우리의 삶 속에서 하나님의 은혜 이야기를 발견하며 함께 기뻐하게 하십니다. 이 크신 사랑의 품속에서 다시 한번 받은 은혜를 넉넉히 누리는 시간이 하.사.품입니다.

* 강의 특징 : 3회 이상 결석시 수료가 되지 않습니다. (오전 오후 강의내용 동일, 출석 인정) 강의내용은 매번 강의 후 카카오톡을 통해 강의 음성 MP3 파일로 제공됩니다. 부득이한 결석시 강사에게 미리 연락하여 양해를 구한 뒤, 보내드린 교안을 프린트하여 강의를 듣고 교안의 빈칸을 펜으로 적어 넣어 완성해서 다음 시간에 제출 바랍니다. (출석 인정과는 별개)

* 강의 일정

1강 나는 누구보다 은혜에 고팠다

2강 은혜, 영원히 하나님의 아들딸이 되는 것

3강 은혜, 모든 매임에서 풀려나는 것

4강 은혜, 착한 사람, 잘 나가는 사람에게도 필요한 것

5강 은혜, 한계선이 없는 것

6강 은혜, 누군가의 삶을 실제로 살리는 것

7강 은혜, 용서 못 할 누군가를 용서하게 하는 것

8강 은혜, 회개를 통해 영혼에 불이 켜지는 것

9강 은혜, 빈손이라도 주님만으로 족한 것

10강 은혜, 말씀을 통해서 확인되는 것

11강 은혜, 기도로 고백할 때 더욱 커지는 것

12강 은혜의 여정 출발하기

* 읽기 교재 : 『은혜, 은혜, 하나님의 은혜』
　　　　　　(리 스트로벨 지음. 윤종석 옮김. 두란노.)

2. 말씀 묵상 훈련학교

성민교회의 대표적인 장년 교육프로그램인 훈련학교 시리즈의 첫 번째 과정이다. 말씀 묵상은 하나님의 말씀인 성경을 바르게 읽고 이해하고 내 삶으로 응답하는 가장 중요한 신앙생활의 기초다. 이를 위해서 12주의 과정으로 훈련 프로그램을 개설하였다.

이 과정에서는 하나님의 말씀인 성경을 올바로 이해하기 위해서 5가지 신앙의 목적의식을 분명히 하고 여기에서 생기는 문제의식을 바로 아는 것부터 시작한다. 그리고 이어서 말씀 묵상의 기초인 관찰과 해석, 적용에 대해서 배우고 D형 큐티와 네 단계 큐티를 통해서 성경을 읽고 이해하는 방법론을 배우고 실습한다.

그리고 성경을 이해하는 데 필수적인 성서의 지리와 문화적인 배경을 이해하고 인물과 사건에 대한 진술에서 성경적 특징을 파악하고 성경을 더욱 잘 이해하는 법을 배운다. 이 과정의 개요는 다음과 같다.

* 강의 시간 : 매주 (금) 오전반 10:00~ 12:00

　　　　　　　　오후반 21:00~ 23:00

* 강의 소개 : 하나님은 구원받은 우리를 예수 그리스도의 제자로 살아가도록 초청하십니다. 예수님의 제자는 언약의 말씀을 받아 기쁨과 자유를 누리며 성취의 과정을 통해서 성장하고 기도로 소통하고 전도하는 가운데 하나님과 세상과 올바른 관계를 맺고 살아갑니다.

　그 첫 단계인 말씀 묵상 훈련학교는 성경 말씀을 바르게 읽고 보고 듣고 만나고 접하고 느끼고 이해하고 적용하여 실천하는 과정을 학습하고 말씀 묵상을 생활화하여 말씀 중심의 삶으로 변화되는 것을 꿈꾸며 함께 만들어가는 과정입니다.

* 수강 대상 : 말씀 묵상 훈련학교 수강을 원하고
　　　　　　하사품을 수료한 모든 성민교회 교인.

* 강의 일정

1강 훈련학교에 필요한 두 가지 의식

2강 말씀 묵상 훈련의 필요성

3강 말씀 묵상의 토양 만들기

4강 말씀 묵상의 무기 장착하기

5강 말씀 묵상의 열매 나누기

6강 큐티 한눈에 보기 - A형, B형, C형, D형 큐티

7강 성경 속 오해와 말씀 묵상

8강 성경 속 지명이해와 말씀 묵상

9강 성경 속 환경이해와 말씀 묵상

10강 성경 속 문화이해와 말씀 묵상

11강 성경 속 인물 이해와 말씀 묵상

12강 말씀 묵상의 여정 출발하기

3. 기도 훈련학교

성민교회의 장년 교육프로그램인 훈련학교 시리즈의 두 번째 과정이다. 이 과정의 가장 큰 특징은 전 단계의 말씀 묵상 훈련학교에서 배운 내용을 기초로 해서 말씀으로 기도하는 법을 배운다는 점이다.

일반적으로 많은 성도가 말씀 따로, 기도 따로의 이중적 신앙생활을 하고 있다. 성경 말씀을 들을 때에는 하나님을 아는 것 같다가도 기도 시간만 되면 자기의 바람과 소원을 아뢰는 것으로 점철된 욕망의 기도만 늘어놓다가 끝낸다. 그래서 신앙에 발전이 없다.

기도 훈련학교에서는 철저하게 말씀에 기초한 기도를 하도록 교육한다. 그렇게 성경적 기도가 몸에 배도록 매주 과제를 하고 조별로 나누고 발표하고 강사가 코멘트를 하는 시간을 갖는다. 이 과정의 개요는 다음과 같다.

* 강의 소개 : 하나님은 구원받은 우리를 예수 그리스도의 제자로 살아가도록 초청하십니다. 예수님의 제자는 언약의 말

씀을 받아 기쁨과 자유를 누리며 성장하고 기도로 소통하고 전도하는 가운데 하나님과 세상과 올바른 관계를 맺고 살아갑니다. 그 두 번째 단계인 기도 훈련학교는 하나님의 말씀을 중심으로 기도 생활에 접목하여 기도의 성장을 기대하고 더 깊은 영성 생활과 더 편안한 기도 생활을 지속할 수 있도록 돕는 과정입니다. 읽기 교재에서 진도에 해당하는 내용을 미리 읽고 오시면 강의내용 이해에 많은 도움이 됩니다.

 * 수강 대상 : 말씀 묵상 훈련학교를 수료한 분.

 * 강의 일정
 1주 차 – 자유를 누리는 행복한 기도
           (1. 영적 훈련: 자유에 들어가는 문)
 2주 차 – 말씀 묵상이 이끄는 기도
           (2. 묵상의 훈련)
 3주 차 – 응답받는 진실한 기도
           (3. 기도의 훈련)
 4주 차 – 금식으로 더욱 깊어지는 기도
           (4. 금식의 훈련)

5주 차 - 배움으로 한 단계 올라가는 기도

    (5. 학습의 훈련)

6주 차 – 단순함으로 명확해지는 기도

    (6. 단순성–정직의 훈련)

7주 차 - 고독 속에서 정화되는 기도

    (7. 홀로 있기의 훈련)

8주 차 – 복종과 섬김으로 영향력을 키우는 기도

    (8. 복종, 9. 섬김의 훈련)

9주 차 – 죄 사함을 얻는 고백의 기도

    (10. 고백의 훈련)

10주 차 – 예배함으로 신실해지는 기도

    (11. 예배의 훈련)

11주 차 - 인도하심을 받는 통로서의 기도

    (12. 인도하심을 받는 훈련)

12주 차 – 종강, 기뻐하며 감사하는 기도

    (13. 기뻐하는 훈련)

* 교재 소개: 『영적 훈련과 성장』 (리처드 포스터. 생명의 말씀사.)

4. 복음 훈련학교

성민교회의 장년 교육프로그램인 훈련학교 시리즈의 마지막 세 번째 과정이다. 이 과정의 가장 큰 특징은 전 단계의 말씀 묵상 훈련학교에서 배운 내용을 기초로 해서 말씀으로 기도한 후에 그 내용을 그대로 가지고 전도하는 법을 배운다는 점이다.

일반적으로 많은 성도가 전도 프로그램을 이수하기 위해서 특정 성경 구절이나 전도 문구를 암송해서 전도하는 방법을 훈련한다. 하지만 이렇게 단순히 암기한 내용은 실제 전도 현장에서 별로 도움이 되지 않는다. 그래서 복음 훈련학교는 성도들이 직접 큐티한 본문으로 기도한 후 이 내용을 기초로 복음 메시지를 작성하도록 하므로 자신이 은혜받은 말씀으로 전도할 수 있고, 자신감과 진심을 담아서 전도할 수 있는 장점도 있다. 이 과정의 개요는 다음과 같다.

* 강의 소개 : 하나님은 구원받은 우리를 예수 그리스도의 제자로 살아가도록 초청하십니다. 예수님의 제자는 언약의 말씀을 받아 기쁨과 자유를 누리며 성장하고 기도로 소통하고 전도하는 가운데 하나님과 세상과 올바른 관계를 맺고 살아

갑니다. 그 세 번째 단계로 만나는 복음훈련학교는 하나님의 말씀을 중심으로 묵상하고 기도하면서 깨닫고 익힌 복음의 진리를 확실히 알고 믿음 생활과 연결하게 하며 다른 이들에게 전할 수 있도록 돕는 과정입니다.

* 수강 대상 : 기도훈련학교를 수료한 성민교회 교인.

* 강의 일정
 1주 차 – 개강. 뜻밖의 모험, 복음 전도 + 복음 콘서트 1
 2주 차 - 복음 전도의 방법들과 말씀으로 전도하기
 3주 차 - 복음과 삼위일체 1 : 하나님을 믿는 복음
 4주 차 - 복음과 삼위일체 2 : 예수님으로 사는 복음
 5주 차 - 복음과 삼위일체 3 : 성령님께서 도우시는 복음
 6주 차 - 복음과 사도신경 : 교회와 용서, 부활과 영생
 7주 차 - 복음과 주기도문 : 기도한 대로 전하는 복음
      + 복음 콘서트 2
 8주 차 - 복음과 구약성경 + 말씀으로 전도하기 실습 1
 9주 차 - 복음과 신약성경 + 말씀으로 전도하기 실습 2
 10주 차 - 복음과 인간의 문제 + 말씀으로 전도하기 실습 3
 11주 차 - 복음과 현실의 문제 + 나의 전도 안내서 만들기
 12주 차 – 복음의 현장 속으로!

교사헌신예배 이렇게 준비하세요(1)

우물들을 다시 파라

창 26:12-18

오늘 교사분들 참 많이 오셨는데요. 이분들이 바로 우리의 자녀들을, 우리의 손자 손녀들을 지금껏 길러주신 분들이고, 또 앞으로도 길러주실 고마운 분들입니다. 우리 성도님들은 교사들에게, 교사들은 또 성도님들에게 인사하겠습니다. "감사합니다." "사랑합니다." 평소에 인사를 못 했는데 참 고마운 분들이십니다. 그런데 교회 교사하기가 참 녹록지 않은 현실입니다.

교회 안에서 교사가 3D 업종으로 분류된 지는 꽤 오래되었고요. 어떤 분들은 아예 단적으로 이렇게 말하는 분들도 있어요. 찬양대랑 현실을 비교해서 '찬양대가 교사보다 나은 점 세 가지'라고 하는 유머가 있더라고요.

첫째, 찬양대는 철 따라 가운을 맞춰줍니다. 더우면 더운 대로, 추우면 추운 대로 가운을 맞춰주는데 교사들은 자기 돈으로 옷을 해 입고 와야 하잖아요? 알몸으로 와서 옷 한 벌은 건졌는데 교사들은 그런 게 없다는 것입니다.

두 번째, 찬양대는 예배와 봉사를 한꺼번에 끝낼 수 있다. 이거 굉장한 건데 연습만 조금 하면 예배를 드리면서 봉사를 한꺼번에 할 수 있잖아요? 그런데 교사들은 열심히 예배드리고 또 가서 봉사해야 합니다. 그리고 어디 가서 하는지 잘 안 보입니다. 그래서 어디 가서 뭐 하시나요? 그러면 교사 10년 차인데요. 뭐 이렇게 되는 일들이 벌어지고요.

세 번째는 제일 중요한데요. 찬양대는 어쩌다 한번 빠져도 티가 안 난다는 거예요. 몸 상태가 좀 안 좋으면 립싱크를 할 수도 있고요, 입만 벙긋거리면서 솔리스트가 다 도와줍니다. 그런데 교사는 그런 게 없잖아요? 교사는 몸이 아프든, 뭐 어찌 되었든 추우나, 더우나, 비가 오나, 눈이 오나 나가야 합니다. 안 나가면 부장님한테 전화 오고요, 전도사님이 집으로 찾아오고요, 총무가 인상을 씁니다. 꼼짝없이 나가야 합니다.

그리고 요즘은 애들이 더 무서워요. 애들. 시어머니가 한 둘이 아닙니다. 그리고 요즘 애들 다 집에서 한, 둘밖에 없으니까 다 공주님이고 왕자님이잖아요? 보면 정말 웃기지도 않습니다. 5, 6학년 정도의 소년부에 가면 선생님들 얼굴이 노랗게 떠 있어요. 애들이 다 교만 천국인 거예요. 자기들이 제일인 줄 알아요. 뭐 이렇게 할 맛이 안 나요? 맨땅에 헤딩하는 것 같죠. 중등부 교사들이 그러죠. "야! 우리 애들은 외계인이야! 이것들은 말이 안 통해! 벽에다 대고 얘기하는 것 같아!" 그러면 고등부 교사들이 그러죠. "야! 우리 애들은 상전이야. 이것들을 모시고 살아봤냐? 니들? 야 진짜 교회에 한 번 와 달라고 통 사정을 해야 해." 그러면 영, 유아부 교사들이 그러죠. "니들 똥 기저귀 갈아봤냐?" 그럽니다. 만만한 부서가 없는 것입니다. 부서마다 너무 힘들고, 괴롭고, 너무 어려워요.

그런데 이렇게 어렵고 힘든데 가운도 안 맞춰주는데, 그런데 이런 교사들이 오늘 올해 첫 헌신예배를 드립니다.

교사들이 희망이 되어야만, 교사들이 희망을 가지고 아이들을 키워 내야만 우리 교회가 희망이 있다고 하는 것입니다. 우리 다시 한번 인사할 때 "다시 희망이 됩시다." 이렇게 인사합시다. 다시 희망이 됩시다.

오늘 본문에서요. 이삭은 대단히 큰 성공을 거듭합니다. 26장 12절로 14절 중반까지 이렇게 기록을 합니다. "이삭이 그 땅에서 농사하여 그해에 백배나 얻었고 여호와께서 복을 주시므로 그 사람이 창대하고 왕성하여 마침내 거부가 되어 양과 소가 떼를 이루고 종이 심히 많으므로." 라고 했습니다. 어마어마한 복을 받았습니다. 창대하게 되고, 왕성하게 되고, 100배나 거두었다는 것입니다.

이것을 보면 마치 우리 교회가 인류 역사에 그리고 우리 한국 역사에 얼마나 많은 일을 하고 부흥하며 성장해 왔는가를 보여주는 것과 같습니다. 그렇잖아요. 사회에서 아직 교육이라는 데 눈을 뜨기 전에 먼저 교육을 시작한 것이 교회였어요. 교회가 학교가 생기기 전에 주일학교를 먼저 만들었고, 하나님 말씀을 가르치기 시작했고, 기도를 가르치기 시작했습니다.

여러분, 세계적으로 유명한 하버드, 예일. 다 처음에는 말씀 가르치는 신학교로 출발을 했잖아요. 우리나라의 첫 학교들. 이화 학당, 배재 학당, 연희 전문학교, 다 선교사들이 말씀 가르치며 시작했던 학교였습니다. 하나님의 말씀을 먹이며 가르쳤더니 지금 수많은 목사님이 배출되고 이 시대를 이끌어 가는 리더들이 나오잖아요.

그러고 보면 지금까지 유명한 성악가, 유명한 오페라 가수, 다 교회에서 노래를 부르던 애들입니다. 교회에서 노래하던 애들이 지금 다 성악 하고 있고, 가수하고 있고, 교회에서 대본 짜고 성극 하던 애들이 지금 배우가 되어있고, 탤런트가 되어있고, 개그맨이 되어있어요. 교회가 이 시대를 이끌어나가는 수많은 사람을 배출했어요.

그리고 교회 다니는 애들이란 말은 어떤 의미였습니까? 착한 애들, 성실한 애들, 올바른 애들. 적어도 사람 눈치 보지 않고, 하나님 눈치 보는 아이들. 그래서 교회 안에서 아이들이 자라서 판사가 되기도 하고, 의사가 되기도 하고, 검사, 수많은 교사, 교수들이 배출되지 않았습니까? 이것이 바로 교회가 이 땅에 베푼 수많은 영향력이었고 수많은 하나님의 축복인 줄 믿습니다.

그런데 이렇게 귀한 일을 했는데 중요한 것은 그 주변 사람들의 반응입니다. 자, 14절 하반절부터 16절까지 말씀인데요. 블레셋 사람은 거기 살던 사람들이죠. "그를 시기하여 그 아버지 아브라함 때에 그 아버지의 종들이 판 모든 우물을 막고 흙으로 메웠더라. 아비멜렉이 이삭에게 이르되 네가 우리보다 크게 강성한즉 우리를 떠나라."라고 말하는 것입니다.

자, 이삭이 그만큼 큰 복을 받은 원인이 어디 있었냐면 지금 사막이잖아요? 광야잖아요? 여기서 중요한 것은 목축할 때 우물인데, 이 우물을 누가 팠냐면 아버지인 아브라함 때에 팠다는 것입니다. 즉, 우리 교회가 지금 이렇게 성장하고 부흥한 모든 것들은 실은 우리 아버지 때, 선조 때의 믿음의 유산들. 일제시대를 거쳐오면서, 6.25를 거치면서 목숨을 걸고 순교의 자세로 믿음을 지켜 냈던 우리 선조들의 그 기도와 눈물 어린 신앙의 결과라고 하는 것입니다.

그런데 그것을 어떻게 해요? 다 메워버리는 거예요. 그 신앙의 유산들을 다 흙으로 메워버리고, 다 막아버리고 이제는 "됐다! 떠나라!"라고 하는 것입니다. 세상이 지금 우리 기독교 교육에게 이렇게 말합니다. "야! 지금까지 너희가 수고한 거는 다 알겠어! 너희들이 우리나라 독립운동을 했던 것도 알고 있고, 근대화한 것 다 알고 있는데 이제는 됐다. 그거 이제 다 메워버리고 떠나!"라는 것입니다. 이제는 우리가 영어 공부, 수학 공부를 시킬 거고 이제는 대학 보내는 공부 시킬 테니까 이젠 기독교 학교들도 성경 같은 것은 가르치지 말라는 것입니다. 보이지도 않는 하나님은 왜 가르치고 있냐? 창조론? 야! 그게 무슨? 그거 가르치지 말라는 것입니다.

그러면서 점점 세상은 우리 기독교 신앙의 무슨 흙을 붓습니까? 성적 제일주의. 아이들이 성적에 너무너무 목을 매고 살아요. 부모들도 마찬가지고요. 애들이 물어보면 다 그래요. "너, 꿈이 뭐니?" "성적 올라가는 거예요." 그런데 "성적 올라가서 뭐 될 건데?" "그건 모르겠어요." 되고 싶은 게 없어요. 꿈이 없는데 성적만 올라가고 싶은 것입니다. 그러니까 애들이 어떻게 되겠어요? 교회를 다닌다고 하는 것은 무엇입니까? 하나님의 사람으로의 정체성을 알게 하는 겁니다.

내가 나 하나 잘 먹고 잘살자고 사는 것이 아니라, 하나님의 사람으로 세상을 온전히 변화시키고 다시 희망이 되겠다고 하는 비전을 줘야 하는데 그거 없이 세상은 계속 영어 공부, 수학 공부만 가르치면서 이제 교회는 "손 떼!"라고 하는 것입니다.

여러분, '놀토'라는 게 생겼잖아요. 그런데 되게 웃긴 것 아세요? 놀토가 생기고 아이들은 더 못 놀고 있습니다. 놀토 전문 학원이 생겼습니다. 주말 학원이 생겼습니다. 거기 아이들이 미어터집니다. 놀토에 아이들이 모여서 수행 평가를 준비하고 있습니다. 아이들이 전혀 쉬지를 못하고요. 계속 매여 다니는 것입니다.

그런데 거기 가보면 교회 제직 자녀들이 굉장히 많아요. 제직들부터가 교사들이 전화하면 그럽니다. "선생님, 제발 전화하지 마세요. 우리 아이 이제 고등부 고등학생인데 지금까지 중학교까지 많이 잘했으니까 이제 한 3년만 교회 쉴게요." 그런 분들이 계십니다. 여러분, 쉴 것이 따로 있지, 교회를 쉽니까? 예배를 쉽니까?

그런데 여러분, 보세요. 고등부 때 그 가장 힘들 때 제일

잠 못 자고, 제일 치열하게 살아가는 그때에 하나님 없이 살았던 애들이 어찌어찌 대학을 간다고 한들 그 아이들이 대학에 간다고 돌아오겠습니까? 가장 어려울 때, 가장 힘들 때, 하나님은 나한테 해 준 게 없어요. 그런데 그 아이들이 왜 돌아오겠어요? 그런데 그 고등부 때 가장 힘들고 어려울 때 하나님을 붙들었던 아이들은 하나님께 간절히 기도하고, 하나님의 도우심으로 대학에 간 아이들은 그때부터 더 헌신하고, 더 예배자가 되고, 더 하나님의 사람이 되더라는 것입니다. 마치 여기 계신 여러분들처럼 말입니다. 제일 어려울 때 나를 도와준 하나님을 어떻게 외면하겠습니까? 어떻게 그분을 놓겠습니까?

평생에 걸쳐서 어떤 어려움에도 그분을 놓지 않는 아이들이 되는 것! 바로 신앙의 우물을 다시 한번 파는 것입니다. 그런데 또 세상은 무슨 흙을 부었느냐면 물질주의라는 흙을 붙습니다. "야! 교회 교육 너희 필요 없어!" 물질주의를 부어요. 이런 얘기 하잖아요. "교회 가면 밥이 나오냐? 국이 나오냐?" "교회 가면 돈이 나오냐? 뭐가 나오냐?" 이말 자체는 굉장히 저급한 물질주의입니다. 마치 요즘은 모든 걸 다 돈으로 계산할 수 있는 것처럼 만들어 놨어요.

그래서 "야! 일주일간 공부하는데 주일날 교회 가서 예배

드리면 그거 계산해봐! 얼마나 손해인지 알아? 차라리 그 시간에 우리 학원에 와서 공부하면 성적이 더 올라갈 수 있어! 그러니까 와!"라고 하는 것입니다. 오죽하면 요즘 고등부, 중고등부 아이들은 아르바이트해서 시간당 얼마 계산해서 교회 오는 시간에 아르바이트합니다. 그렇게 세상은 아이들에게 물질주의를 지금부터 막 가르치는 것입니다. "야! 돈으로 환산해서 돈으로 계산해!"

그러나 여러분, 돈으로 살 수 없는 것이 얼마나 많이 있습니까? 돈으로 살 수 없는 자존감! 자아정체성! 돈으로 살 수 없는 꿈과 비전! 하나님이 나와 함께 하신다고 하는, 나는 하나님의 형상이라고 하는, 내가 하나님의 보석이라고 하는 이 자긍심이 아이들에게는 찾아볼 수가 없어요. 그저 돈 몇 푼 더 받는 것, 용돈 몇 푼 더 받는 것에 목숨을 걸고 교회를 외면하고 학원에 가는 애들이 얼마나 많은가? 하는 것입니다.

자, 이럴 때 세상은 성적 제일주의를 부어대고, 물질 제일주의를 부어대는데 그럴 때 우리가 어떻게 해야 할까요? 이삭은 어떻게 했을까요?

오늘 본문 18절로 한번 돌아 가보겠습니다. 어떻게 하면 다시 그 아브라함 때 은혜의 강물을 흐르게 할 수 있을까요? 어떻게 하면 부흥의 불길을 타오르게 할 수 있을까요? 18절 그 아버지 아브라함 때에 팠던 우물들을 다시 팠으니 이는 아브라함이 죽은 후에 블레셋 사람이 그 우물들을 메웠음이라 이삭이 그 우물들의 이름을 그의 아버지가 부르던 이름으로 불렀더라. 아멘.

이삭이 이때 한 것은 바로 아버지 아브라함 때에 팠던 그 우물, 그 생명의 근원의 우물을 다시 팠다고 하는 것입니다. 지금 우리는 이삭이 무엇을 했는가도 중요하지만, 무엇을 하지 않았는가에 더 주목할 필요가 있습니다. 이삭은 "아! 어떡하지? 지금 쫓겨났는데. 이제 어떻게 하면 이 양을 돌보지?" 양을 돌볼 수 있는 기술자를 찾지 않았습니다. 새로운 기술, 새로운 프로그램을 찾지 않았습니다. 사람들이 좋아할 만한 무언가를 찾지 않고, 가장 근본적인 그의 신앙의 물줄기를 찾았다고 하는 것입니다.

생명의 근원이 어디 있는가? 내가 살아갈 수 있는 내 핵심이 어디 있는가? 요즘 교회들이 교회 학교가 부흥이 안 되니까 어떻게 하는지 아세요? 더 재미있는 프로그램을 자꾸 가져와요. 애들이 좋아할 만한 어드벤처 뭐 이런 것을 자꾸 가지고 오고 뭔가 점점 새로워 보이고 아이들이 좋아할 만한 것들을 막 가져와요. 그런데 여러분, 재밌게 해서 재미있는 걸로만 아이들 부흥했다는 교회 들어보셨습니까? 진짜 아이들이 몰려드는 교회는 재밌는 교회가 아닙니다. 신식 프로그램 돌리는 교회 아닙니다.

말씀을 먹이는 교회, 진심으로 기도해주는 교회가 부흥하는 줄 믿습니다. 그게 진짜거든요. 아이들에게 정말 생명의 근원 된 우물을 다시 한번 파 들어가는 것! 그래서 그 아래 정말 세상이 부어놓은 세상의 가치를 다 걷어내고, 정말 그 안에 담겨있는 우리 선조들이 그렇게 목숨 걸고 지켰던 신앙의 긍지, 신앙의 지조를 지켜서 아이들에게 전해줄 수 있다면 그것은 얼마나 아름다운 일입니까?

시대가 시대라 그런가요? 아이들은 그것부터 질문합니다. "교회 가자." 그러면 "재밌어요?" 그래요. "거기 가면 재밌어요?" 정말 시대가 아이들을 다 버려 놨어요. 모든 것이 흥미 위주가 되어 버렸어요. 그래서요. 어떤 분들은 "동신교회 교회학교는 참 좋겠다." 그러세요. "왜요?" 그러면 "문구 상가가 옆에 있잖아요. 뭐 이렇게 준비가 덜 되면 쪼르르 가서 뭘 사다가 애들한테 나눠주면 좋아할 거 아니에요?" 그렇게 말하는 분들이 계시는데 여러분, 그렇습니까? 우리 교회 교회학교의 최고의 주 무기가 바로 문구 상가입니까? 아니잖아요? 물론 잘 활용하는 건 좋아요. 입지 조건이 좋으니까. 그러나 그것이 우리의 메인은 아닙니다.

우리가 진짜 파야 할 우리의 우물은 무엇입니까? 바로 말씀과 기도. 우리가 은혜받았던 바로 그것. 우리가 하나님을 만났던 바로 그 우물. 다시 한번 파야 합니다.

여러분, 프로 야구 혹시 좋아하세요? 프로 야구를 보면 투수들이 유인구를 던집니다. 유인구라는 게 스트라이크처럼 들어오다가 싹 빠져요. 그러니까 타자들이 잘 속아요. 그런데 이 유인구가 참 쓸모 있기는 한데요. 유인구만 가지고는 좋은 투수가 될 수 없어요.

에이스가 되려면 유인구 말고 결정구가 있어야 합니다. 결정구. 나만의 결정구. 9회 말, 투아웃, 투스트라이크, 쓰리볼, 만루 주자, 만루 상황에서 정말 던질 수 있는 마지막 공. 그게 있어야 하죠. 오승환이라고 하는 선수가 돌직구를 던집니다. 류현진의 체인지업, 김광현의 슬라이드. 정말 그 선수만의 확실한 결정구가 있냐는 것입니다. 여러분, 우리 교사분들의 그 결정구가 있습니까? 정말 갈등하고 방황하는 아이들에게 던질 수 있는 돌직구가 있습니까? 바로 우리의 결정구인 그것이 말씀과 기도가 되어야 하는 줄로 믿습니다.

자, 그러면 말씀을 계속 파면 어떤 일이 벌어집니까? 말씀을 파면 생수가 올라오잖아요? 말씀을 계속 파면 정말 신기한 건 하나님이 믿어집니다. 그전까지는 말씀을 열심히 읽지 않았던 때는 "하나님을 알았어요. 하나님을 소개받았어요. 그런 분이 있대요." 그런데 말씀의 우물을 계속 파면, 파면 팔수록 그 하나님이 믿어져요. 내가 나를 보면 어떻게 이런 사람이 교사가 됐나? 너무 부족하고, 모자라다. 연약하다. 그런데요. 성경을 읽으면 아! 그러한 나를 믿어 주시는 하나님이 보여요. 그리고 그러한 나를 믿어 주셔서 보내주시는 우리 아이들이 얼마나 소중한 아이들인지가 보여요.

그래서 그 아이들을 포기할 수가 없는 것입니다. 그 아이를 위해서 기도하지 않을 수가 없고, 말씀을 먹이지 않을 수가 없고, 그 아이들을 놓을 수가 없는 것입니다.

여러분, 하나님께서 우리 아이들에게 정말 재능을 많이 주셨습니다. 각각에 맞는 너무나 귀한 재능을 주셨어요. 그런데 그 재능들을 학교는 다 공중으로 날려버려요. 학교에 가면 참 훌륭한 아이들이 많이 있습니다. 노래 잘하는 애가 있고요, 요리 잘하는 애가 있고요, 마술 잘하는 애가 있고요, 남을 잘 웃기는 애가 있고요, 따뜻한 애가 있고요, 상상력이 풍부한 애가 있고요, 꽃과 나무와 대화하는 아이들이 있습니다.

그런 아이들을 학교에서는 뭐라고 부르는지 아세요? 공부 못하는 애들이라고 부릅니다. 다 필요 없는 것입니다. 무슨 재능이 있든 다 무시해 버리고 단 1%의 공부 잘하는 아이 외에는 99%는 다 공부 못하는 애들입니다.

그런데 그 아이들이 교회 와서까지 주눅 들고 교회 와서까지 성적, 성적, 스트레스를 받으면 되겠습니까? 교회 와서 아이들을 잘 보세요. 아이들이 뭔가를 집중해서 하는 것이 있어요. 어떤 아이들은 24시간 떠드는데 전혀 힘든 줄을 모르고 떠드는 아이가 있습니다. 그거 재능입니다. 그걸 잘 살려주면 엄청난 재능이 되거든요. 24시간 낙서하는 애들이 있어요. 24시간 피아노치고, 노래하는 애들이 있어요. 그거 다 재능이거든요. 그 재능대로 하나님이 주신 재능대로 열심히 노력하지 않아도 자연스럽게 되는 그 재능. 남보다 더 즐겁게 잘 할 수 있는 그 재능을 발휘할 수 있도록 도와주고 너는 할 수 있다고 말해주고 하나님의 사랑으로 그 아이들을 바르게 인도하는 것이 교육입니다.

뭔가를 자꾸 심어 주는 게 아닙니다. "이런 건 하지 마! 저런 거 해!" 자꾸 심어주는 게 아니라 그 아이들의 재능을 발휘할 수 있도록 도와주는 것. 여러분, 그렇게 훌륭한 아이들. 적어도 우리보다 훨씬 더 잘될 아이들은요,

그 아이들을 하나님이 맡기셨어요. 누구에게요? 바로 우리에게요. 그러니까 교사들이 얼마나 복된 사역입니까? 교사는 얼마나 복된 직분입니까? 그 아이들을 우리가 말씀을

통해서 먹이고 살려야 하죠. "봐봐. 네가 바로 주인공이야. 하나님의 주인공이야! 하나님이 창조하시고 심히 좋았다고 말씀하신 아이가 바로 너야! 예수님이 십자가에 돌아가시기까지 넘어지며, 넘어지며, 쓰러지며 십자가를 지고 가셔서 십자가에서 죽으신 이유가 바로 너 때문이야! 너를 살리기 위해서 예수님 부활하셨어! 너를 이 세상의 빛으로 보내기 위해서 예수님이 부활하시고 너를 위해 죽으셨어!"라고 말해 줄 수 있다면 그 아이의 인생은 얼마나 아름다워질까요? 얼마나 그 아이를 통해서 세상은 더 아름다워질까요? 얼마나 그 아이를 통해서 세상은 변화될까요? 다시 희망이 되는 아이들. 바로 말씀을 먹이는 선생님. 말씀의 우물을 파는 선생님으로부터 그러한 아이들이 이 땅의 희망으로 솟아날 줄로 믿습니다. 자, 말씀의 우물을 팝니다.

또 어떤 우물을 팝니까? 기도의 우물이죠. 말씀의 우물을 파면 기도하지 않을 수가 없어요. 자연적으로 이어집니다. 그 아이를 포기할 수 없어서 그 아이를 붙잡고 기도하는 것이죠. 어떤 분들은 그래요. 요즘 아이들은 기도하는 것을 싫어한다고. 그렇습니까? 왜 싫어할까요? 자꾸 중언부언 하잖아요. 선생님들이 자꾸 그냥 틀에 박힌 이야기를 합니다.

아이들은요, 지금 내 코가 석 자인데. 당장 코앞이 시험인데 선생님이 자꾸 딴소리 하는 것 같아요. 그런데 선생님이 그 아이의 삶의 현장을 정말 관심을 가지고 알고, 그 아이의 지금 필요한 기도가 무엇인지를 알고, 기도해준다면 또 그 기도도 그냥 하지 말고 정말 침을 튀기면서 열정을 다해서 그 아이를 사랑하는 마음으로 기도해준다면 처음에는 어색해하겠죠. 겸연쩍어하겠죠.

그러나 "아! 이분이 나를 진짜 사랑하는구나!"라는 것을 깨닫는 순간에 그때부터 마음이 열릴 것입니다. "이분이 내 부모도 아닌데, 돈 받고 하시는 분도 아닌데, 이분이 왜 날 이렇게 포기하지 않을까? 왜 이분이 날 이렇게 붙잡고 전심을 다 하여 기도해줄까?"라고 하는 것이 아이들의 마음에 닿기 시작한다면 그때부터 선생님들의 존귀함이 빛을 발하는 것입니다.

그리고 기도하면 어떤 일이 벌어지냐면 부서가 살아납니다. 부서마다 목사님이 계시고 전도가님들이 계시잖아요. 말씀을 매주 증거합니다. 그런데요, 그 말씀들이 폭탄과도 같아요. 폭탄. 폭탄을 터뜨릴 때 어떤 굴을 팔 때 땅 위에 놓고 터뜨리지 않거든요. 그러면 여기만 터지고 말아요. 어떻게 하냐면 땅굴을 팝니다. 깊이깊이 팝니다.

깊이 파서 거기 폭탄을 던지면 빵! 터지면서 산 하나가 날

아가 버립니다. 어마어마한 폭발력입니다. 마치 이처럼 주일마다 선포되는 각 부서의 말씀들이 아이들의 가슴 밖에서 터지면 소용없어요. 선생님들이 계속 기도로 우물을 파는 것입니다. 파고, 파고, 파고, "하나님, 우리 아이 지난주에 친구 데려와서 하나님 예배에 집중을 못 했는데 오늘은 예배에 집중하고 은혜받게 해주세요. 하나님, 우리 누군가 지난주에는 좋아하는 오빠 쳐다보느라고 예배에 집중을 못 했는데 이번 주에는 예배 잘 드리게 해주세요. 하나님 도와주세요." 기도로 그 아이의 우물을 파면 그 깊숙한 곳에 말씀이 떨어지면 그 아이의 인생이 송두리째 변화되는 놀라운 역사가 일어날 줄로 믿습니다. 그래서 교사들의 기도가 필요한 것입니다.

부흥하는 부서를 가보면 기도하는 교사들이 있어요. 그 기도가 아이들의 삶을 살리고, 부서를 살리고, 하나님의 교회를 부흥케 합니다. 그러면 이런 말씀의 우물, 기도의 우물, 이 근본으로 돌아가는 이 우물, 만나는 자리가 어디냐면 바로 오병이어 멘토링입니다. 오병이어 멘토링이 뭐냐면 가장 근본적인 것을 하는 것입니다. 아이를 붙잡고 말씀 전해주고 기도해주는 것입니다. 그런데 세상은 1반에 가면 많으면 요즘 30명, 40명. 적어도 20명이 넘어요. 한 명 한 명에게 관심을 가질 수가 없어요. 학교에서는. 그리고 1년 하면 끝이야.

그런데 교회학교는 어떻게 해요? 10명 미만의 아이들을 붙잡고 전심으로 기도해주고 다음 해에 데리고 올라가요. 이번에 너무 감사한 게 6학년 선생님들이 중1 올라가는 아이들을 데리고 갑니다. 사실 이때 많이 떨어져 나가거든요. 그런데 같이 데리고 올라가니까 이들이 적응을 잘하는 것입니다.

중3에서 고1 올라갈 때 데리고 올라갑니다. 아이들이 적응이 되는 것입니다. 선생님들이 이 아이를 포기하지 않는 것입니다. "난 여기 남을게! 넌 가!" 이것이 아니라 같이 가서 기도해주고 그러니까 이 아이들이 힘들고 어려울 때 이야기한 선생님이 늘 옆에 있는 것이죠. 위기를 만날 때 이 아이 너무 잘하는 선생님이 이야기를 들을 수 있는 것입니다. "하나님이 너와 함께 하실 거야. 힘을 내. 잘 할 수 있어!" 기도해주는 것입니다. 그러니까 이 아이들이 교회에 오면 항상 자기를 반겨주는 사람이 있어요. 그리고 한 주 내내 나를 위해 기도해주는 선생님이 있어요. 그러니까 이 아이들이 교회에 올 때 신이 나서 막 뛰어오는 것입니다.

여러분! 기도하고, 기대하고, 기다리면 선생님도 뛰어오게 되고요, 애들이 기대가 너무 되니까. "아! 이번 주 하나님이 어떻게 일하실까?" 막 기대가 되니까 뛰어오게 되고요, 아이들도 나를 위해서 진심으로 기도하는 선생님, 진심으로 나를 위해 말씀을 먹이는 선생님을 발견하면 아이들이 교회 오는 발걸음이 날 듯이, 날 듯이 그렇게 나비처럼 교회로 아이들이 모여들 줄로 줄 믿습니다. 그런 것이 바로 말씀의 기본을, 기본의 우물을 다시 파는 것입니다. 그런데 이 우물이 오병이어 멘토링도 그렇고, 말씀과 기도가 쉽지 않습니다. 한번 팠다고 해서 이것이 되질 않더라고요.

오늘 본문 이후에 보면 이삭이 열심히 우물을 파요. 그런데 그거 뺏겨 버려요. 블레셋 사람들이 와서 "얼씨구! 그거 내놔!" 가져가 버려요. 그래서 이름을 뭐라고 짓냐면 '에섹', '다툼'이라고 지어요. 억울해서 또 팝니다. 또 팠는데 또 가져가 버려요. 분하고 억울해서 이번에는 '싯나', '대적하는구나.'라고 지어요.

그런데 여기서 중요한 것! 포기하지 않아요. 또, 또, 또 파요. 그랬더니 이번에는 블레셋 사람들이 포기해 버려요. "야! 저거 대단한 놈이구나. 손 못 대겠다." 그래서 이때부터는 평안이 찾아오고요, 이름을 '르호봇'이라고 합니다. 장소가 넓다. 하나님의 넓은 은혜가 임하는구나. 그렇게 말해요.

이처럼 선생님들도 아이들의 마음속에 말씀의 기도, 말씀의 우물, 기도의 우물을 파는데 한 번, 두 번, 파 보고 포기하는 것이 아니라 계속 파는 것! 아이들의 마음을 계속 두드리고 파고, 파고, 또 파는 것! 세상에 그 성적 제일주의 다 끄집어내고, 물질주의 다 끄집어내고, 흥미 위주 다 끄집어내고, 정말 아이들을 살릴 수 있는 복음을 아이들의 가슴속에 심어주는 것! 포기하지 않으면 때가 이르매 이룰 줄 믿습니다.

한 아이의 이야기를 들려드리고 마칠게요. 이 아이는 고3이 됐는데 진로를 못 정하는 것입니다. 뭐가 되고 싶은지, 뭘 해야 하는지 모르는 것입니다. 그래서 이 아이가 "아! 수련회를 가야겠다. 여름 수련회에 가서 하나님과 담판을 지어야지!" 생각했는데 문제는 학교 보충 수업 기간과 겹치는 겁니다. 딱 겹쳤어요.

학교에서는 주의할 인물 "너, 교회 갈 거지? 너, 교회 가면 가만 안 둘 거야! 너, 퇴학시킬 거야!" 선생님이 막 엄포를 놓는 겁니다. 이 아이가 걱정이 너무 되는 것입니다. 그래서 교회 선생을 만났습니다. 상의해서 선생님 어떻게 할까요? 선생님이 이렇게 말해줬어요. "하나님이 어떻게 일하시는지 보자!" 여러분, 이렇게 말하는 분들이 무서운 분입니다. "하나님이 어떻게 일하시는지 보자!" 그리고는 그 아이를 꼭 안고 기도해줬어요. 담력이 생긴 이 아이가 보충을 빠지고 수련회를 갔습니다.

수련회에 가서 첫날 기도를 열심히 했어요. 그런데 진로가 안 보이는 것입니다. 둘째 날 기도를 열심히 했어요. 진로가 안 보이는 것입니다. 셋째 날 금식하면서 전심을 다 했는데 학교 보충까지 빠지고 왔습니다. "하나님, 저 진로 좀 꼭 보여주세요." 기도했는데 아무 응답이 없는 것입니다. 이 아이가 갈등하기 시작했어요. "하나님이 안 계신가?" 그리고는 마지막 날 돌아왔어요. 그리고 학교로 갔는데 난리가 난 겁니다. 선생님이 "니가 죽고 잡냐?" 그러면서 흥분을 하셔서 막 "퇴학시킬 거야!" 그러시는데 퇴학은 못 시키고 보충 빠졌다고 뭐 그러겠어요? 다 큰 놈을 때릴 수도 없고 그래서 할 수 없이 원고지 50장을 주면서 반성문을 써 오라고 했습니다.

그런데 여러분, 반성문 써 보셨어요? 원고지 50장을 써 보셨어요? 반성문이 결국은 잘못했다는 얘기인데, "잘못했어요, 잘못했어요."를 50장 쓰다 보니까 애가 미칠 것 같은 것입니다. 쓰다 보니까 동해물과 백두산이 마르고 닳도록 쓰다가 뭐 하나님 세상을 이처럼 사랑하사 쓰다가 안 되는 거예요. 도무지 도무지 50장이 안 되는 것입니다. 다 치워버리고 마음을 잡고 다시 쓰기 시작했습니다.

내가 왜 하나님을 믿는지, 내가 왜 수련회를 갔는지, 내가 왜 하나님 앞에서 내 진로를 놓고 기도했는지를 쫙 적기 시작했어요. 그런데 적는데 이 아이가 점점 뜨거워지는 것입니다.

그런데 마지막에는 그러니까 선생님도 예수님 믿으세요. 그렇게 써서 냈어요. 안 믿는 선생님이 받아보니 기가 막힌 것입니다. 반성문을 써오랬더니 무슨 신앙고백을 써 왔어.

그런데 읽다가 선생님이 감동을 받은 것입니다. "야! 이 아이는 진짜구나! 진짜구나! 원고 50장을 빼곡히 채웠는데 애는 진짜구나!" 선생님이 그렇게 말을 했다는 것입니다. "야! 너 앞으로 교회 갈 일 있으면 언제든지 얘기해라. 내가 보충 다 빼주고 너 교회 가는 건 내가 100% 보장해 주마." 그러면서 믿지 않은 선생님이 이렇게 말해주는 것입니다. "야! 그런데 너, 진로 때문에 고민했다면서? 너, 목사가 되어 보는 건 어떻겠니? 네가 지금 써온 거 보니까 네 신앙이 정말 분명하고 논리도 있고 호소력도 있고 설득력도 있는데 너 같은 애가 목사가 안 되면 누가 되겠니? 목사가 되어 보지 않겠냐?" 믿지 않는 선생님에게서. 그래서 이 아이가 목사가 됐어요.

여러분, 이 이야기는 실화인데요. 이 이야기 속에 두 선생님이 나옵니다. 이 아이가 만났던 두 선생님. 한 분은 누구죠? "하나님이 어떻게 일하시나 보자!"라고 말했던 선생님. 정말 갈등하는 순간에 네 생각대로가 아니라 내 판단대로가 아니라 그 말씀의 우물, 기도의 우물을 파면서 "하나님이 너에게 어떻게 일하시나 보자!" 그러면서 그 아이를 꼭 끌어안고 기도하셨던 선생님이 계셨고, 또 한 분은 교회는 안 다니는 분이지만, 믿지는 않았지만, 그분은 이 아이의 재능을 알아보고, 이 아이의 진로를 열어 준 선생님이 있었어요. 이 시대에 꼭 필요한 선생님들이 아닌가 합니다.

저는 이분들이 바로 여기 앉아 계시는 우리 선생님들이라고 믿습니다. 아이들에게 말씀의 우물을 파 주는 선생님. 그 선생님은 재미있는 얘기는 잘 못 하셨지만 나에게 늘 진심으로 말씀을 전해주셨어요. 그분의 말씀을 듣다 보면 정말 하나님이 계신 것 같아. 그분의 기도를 들어보면 그분은 날 정말 사랑하는 게 느껴져. 나는 그 선생님 때문에라도 나쁜 길로 갈 수 없어. 아이들이 희망이 되는 교사, 아이들의 지지가 되어주는 교사, 그리고 아이들의 재능을 발견하고 진로를 열어주는 교사, 그러한 교사들이 이 시대에 다시금 아브라함의 우물을 파는 이삭의 마음으로 아이들의 마음속에 말씀의 우물, 기도의 우물을 파는 우리 교사들인 줄로 믿습니다. 그러한 마음으로 사역을 감당할 때 하나님께서는 다시금 우리 교회가 다시 희망이 되는 하나님의 놀라운 교회로 은혜 주시고 복 주실 줄 믿습니다.

교사헌신예배 이렇게 준비하세요(2)

제자로서의 교사

막13:13~15

오래전 일입니다. 한 아동부 전도사님이 여름성경학교를 앞두고 노방전도를 계획하여 부서 교사들을 불러 모았습니다. 그리고는 우리 중 한 사람이 피에로 복장을 하고 큰 북을 메고 둥둥 치면서 동네 한 바퀴를 돌면서 초청하면 온 동네 애들이 좋아하면서 다들 따라올 거라고 기대에 찬 눈빛으로 말했습니다.

하지만 그때는 한여름이라 무척 덥기도 하고 피에로 복장이 좀 우스꽝스러워서 누구도 쉽게 나서질 않았습니다. 그런데 바로 그때 고등학교를 갓 졸업한 청년 교사가 순종하는 마음으로 마지못해 자원을 하고 나섰습니다.

드디어 이 청년 교사가 피에로 복장을 하고 북을 치며 나

갔습니다. "오세요. 오세요. 여름성경학교 오세요." 자, 어떻게 되었을까요? 온 동네에 아이들이 순식간에 다 사라져버렸습니다. 아이들이 몰려오기는커녕 다 도망가고 멀리서 숨어서 하나도 안 보이는 겁니다. 길에서 만나는 사람마다 자기를 보고 웃는 것 같고 날은 더워 땀은 뻘뻘 나는데 같이 나간 교사들마저도 창피하다며 다른 길로 빙 돌아가는 걸 보고는 이 교사가 큰 상처를 받았습니다. 가까스로 동네 한 바퀴를 다 돌고 교회에 도착하자 이 청년 교사는 북을 내던지고 피에로 옷을 하나하나 벗으면서 다짐을 합니다. "내가 다신 이런 전도 하나 보자. 전도사님이 하자고 하는 거 절대 안 해. 봐, 아무도 안 오잖아."

그런데 그때, 교회 예배실 문을 빼꼼히 열며 한 꼬마가 나타났습니다. 그러더니 "와, 피에로가 옷을 벗으니 그냥 못생긴 아저씨다." 그럽니다. "나 아저씨 아냐. 형아야, 형아." 청년 교사는 고개를 갸웃하며 말합니다. 그런데도 아이는 여전히 말했습니다. "자기는 형아라고 하는데 그래도 그냥 아저씨다." "근데 너 처음 보는 아인데 어느 부서야?" "부서가 뭔데요?" "부서도 몰라? 너 우리 교회 다니는 거 아냐?" 그랬더니 이 아이가 "교회가 뭔데요?"라고 하며 어리둥절합니다.

"너 교회 처음 온 거야? 그럼, 여기 어떻게 왔어?" "아저

씨가 오라면서요. 둥둥 여름이 어쩌고저쩌고 오세요, 오세요. 했잖아요." "너 정말 나를 따라온 거야?" "그럼요. 진짜 이상한 아저씨네. 자기가 오래 놓고." 청년 교사는 이 아이를 한참 물끄러미 보더니 말없이 아이를 꼭 끌어안았습니다.

그리고 흐르는 눈물을 참으며 감사의 기도를 시작했습니다. "하나님 제가 잘못했어요. 저는 아무도 없다고 아무도 안 올 거라고 불평만 했는데 하나님이 이 어린 생명을 보내주셨네요. 감사합니다." 그리고는 그 아이를 여름성경학교로 데려다주었습니다.

그런데 이 아이가 3박 4일 성경학교를 개근했습니다. 그리고는 2학년이 되고 3학년이 되고, 중학생이 되고 중등부 총무가 됐습니다. 이때부터 교회에서 살기 시작했습니다. 매일 교회에 와서 기타 치다가 피아노 치다가 기도회 참석하다가 주보 접는 아이가 되었습니다. 교회 현수막도 걸고 청소도 하고 교회 모임에는 모두 참여하는 고정 멤버가 된 것이죠. 고등부에는 고등부 회장이 되더니 교회 모든 부서의 찬양 인도를 도맡아서 하고 성경학교와 수련회를 짜고 레크레이션을 인도하기 시작했습니다. 그러다 교회의 찬양대회, 성경 퀴즈대회, 성경 암송대회, 중창대회를 휩쓸기 시작합니다. 온 동네 문학의 밤이 열리는 교회마다 가서 조명과 음향을 만져주고 특송을 하고 대본을 쓰고 연출을 하고 연기를 하는 아이가 되었습니다.

그러다 이 아이가 고3이 돼서 진로를 정해야 하는데, 교회에서 사랑받고 은혜받은 것이 너무 감사해서 신학을 하기로 마음먹고 신학과를 갔습니다. 그리고 군대 다녀와서 꿈에 그리던 전도사님이 되었습니다. 그렇게 다음 세대 사역을 정말 열심히 하다가 신대원을 가고 대학원을 가서 사역하다가 목사 안수를 받고 부목사가 되었습니다. 그러다 지금은 부산의 어느 교회 담임목사가 되어서 큰 사랑을 받으며 다음 세대를 살리는 목회를 아주 열심히 하고 있다고 합니다.

제가 어떻게 이렇게 잘 알까요? 이 이야기가 바로 제 이야기라서 그렇습니다. 제가 이 꼬마입니다. 이때 처음 나간 교회를 열심히 다니다가 예수님을 만나 천국 복음을 듣고 구원을 받았습니다. 그렇게 하나님의 부르심을 받아 신학을 전공하고 목사가 되어 지금 여기까지 왔습니다.

지금도 생각해보면 그 피에로 선생님이 참 고맙습니다. 그 선생님 덕분에 교회에 가서 하나님을 만나게 됐기 때문입니다. 그래서 저는 다음 세대와 교사들에게 사랑의 빚을 안고 분홍목사가 되었습니다. 분홍목사란 "다음 세대를 사랑하는 분, 그분을 전하는 홍목사"의 줄임말입니다.

요즘 아이들 가르치기 참 힘드시죠. 그런데 이런 아이들을 사랑할 수밖에 없잖아요? 왜? 그 사랑을 우리가 받았으니까요. 여러분, 교사는요. 교사로서 교사하는 게 아닙니다. 실은 우리가 먼저 예수님의 제자가 되는 것! 그래서 예수님의 좋은 제자가 되면 아이들이 나를 보고 배워요. 내가 교사니까 가르치는 대로 따라와라! 나에게 배워라! 이러면 애들은 꿈쩍도 안 하는데요.

그런데 내가 먼저 예수님의 좋은 제자가 되면 아이들은 그 뒤를 따라오게 되어 있어요. 저도 아이들을 목회하면서 기도 안 하고 말씀만 듣고 찬양을 안 하는 아이들 때문에 속이 많이 상했었어요. 그래서 어떨 때는 "야! 기도해! 말씀 들어! 찬양해!" 그랬어요.

그런데 어느 날인가부터 아이들보다 제거 먼저 예배자가 되어야겠다고 마음먹었습니다. 그런데 아이들이 제가 잔소리 안 해도 제가 진짜 진심으로 기도하면, 앞에서 기도하는 척하는 게 아니라 정말 눈물로 기도했더니 아이들이 그 기도를 따라오더라고요. 찬양 율동을 저부터 시작하니까 목사님이 찬양하는데, 율동하는데 어떻게 안 해요? 다 하더라고요. 그래서 알게 됐어요. 그렇구나!

한번 생각해보세요. 다른 교육은요. 수학교육, 영어교육은 영어만 잘하면 됩니다. 수학만 잘하면 됩니다. 영어를 가르치고 수학을 가르쳐요. 그런데 기독교 교육은요, 기독교를 가르치는 게 아닙니다. 내가 기독교적으로 사는 것입니다. 그게 중요하더라고요. 내가 가르치기 이전에 내가 예수님의 제자로 살면 아이들이 나를 보고 예수님을 보더라고요. 그리고 나를 보고 예수님을 따라오더라고요.

그래서 오늘 제목은요, <제자로서의 교사>입니다. 한번 따라 해 볼까요? 시작. <제자로서의 교사> 그래요. 예수님의 제자로 우리가 열심히 그 길을 따라가면 아이들은 자연이 우리를 따라옵니다. 자, 그러면 어떤 교사가 제자로서의 교사인가? 본문 13절 말씀을 같이 읽어볼까요?

마가복음 3장 13절
또 산에 오르사 자기가 원하는 자들을 부르시니 나아온지라

예수님께서 우리를 부르셨는데 '산에 오르사'라고 하는 것은 이제 예수님이 산에 올라서 기도하신 후에 부르셨다는 뜻인데 누구를 불렀나요? 자기가 원하는 자들을 불렀다는 것입니다. 여러분, 저는 이 말씀이 너무 좋아요. 우리가 공부를 잘해서 부름받은 게 아니라는 것입니다. 우리가 똑똑해서,

경력이 있어서, 자격증이 있어서, 부름을 받은 게 아닙니다.

여러분, 이 중에서 교회학교 교사 자격증 있는 분 있어요? 아마 아무도 없을걸요. 1급, 2급, 3급 아무도 없어요. 그러나 왜 불렀어요? 하나님이 나를 원하셨어요. 저는 이게 너무 좋아요. 하나님이 우리를 원하셨어요. 왜? 여러분들을 통해 예배받기를 기뻐하세요. 여러분들을 통해 아이들이 성장하는 것을 너무 사랑하세요. 너무 행복해하시는 거예요.

그리고 우리 교회의 앞날을 누구에게 맡겼나? 천사에게 안 맡기고 하나님은 교사에게, 이 세상의 유명한 석학에게 맡기지 않고 오직 할 줄 아는 건 기도밖에 없는, 오직 할 줄 아는 건 순종밖에 없는 우리를 부르셔서 하나님이 우리에게 어린 영혼을 맡기셨다는 말입니다. 왜요? 우리를 원하셔서요! 저는 이것이 최고의 훈장인 것 같아요. 최고의 자격증입니다. 세상이 나를 끌어 내릴 수가 없어요. 예수님이 나를 원하셨다는데요! 나를 부르셨는데요!

여러분, 이 자리에 함께 있는 교사 여러분! 그리고 우리 하나님의 자녀 여러분! 자부심을 품기를 원합니다. 우리는 누구예요? 예수님이 원하는 사람들입니다. 세상이 우리를 넘볼 수 없고요, 세상이 우리를 깔볼 수 없어요. 하나님의 사람! 바로 원하는 자들입니다. 자, 그러면 14절 볼게요. 뭐라고 또 말

씀하시나?

마가복음 3장 14절
이에 열둘을 세우셨으니 이는 자기와 함께 있게 하시고

그랬습니다. '열둘을 세웠다'라고 하는 말은 뭐냐면 열둘을 세웠다. 열두 제자를 불렀다는 말이죠. 자, 오늘 우리 교사들 모이는 시간이니까 이거 너무 쉽죠? 열둘 제자 이름을 한 번 확인하고 가볼까요? 자, 순서대로 베드로, 안드레, 야고보, 요한, 빌립, 바돌로매, 도마, 마태, 야고보, 다대오, 시몬, 가룟 유다. 박수! 야! 저 순간 긴장했어요. 이거 안 되는 교회가 있어요. 신기하게. 그런데 선생님들이 오시면 이것이 되더라고요. 그러면 이 열두 제자를 왜 세웠나? 이게 중요하잖아요? 이 '12'라는 숫자가 좋았나? 아닙니다.

이스라엘은 원래 야곱의 아들들로 구성된 12지파였어요. 그런데도 열두 지파가 지금 다 해체되어 버렸어요. 12지파 가운데에서 북이스라엘, 남 유다로 나뉘면서 남 유다는 그나마 괜찮아요. 그나마 남 유다는 유다 지파와 베냐민 지파가 똘똘 뭉쳐있는데 북이스라엘의 열 지파가 다 망가져 버린 것입니다. 이들이 하나님을 섬기지 않고 우상을 섬기다가 북이스라엘은 쫄딱 망해서 앗시리아로 다 흩어지면서 지파가 무너져

버렸어요. 그래서 예수님 당시에는 이제 지파 개념이 사라지고 유다와 베냐민만 남아요. 그래서 예수님은 유다 지파, 사도 바울은 베냐민 지파입니다. 이 두 지파밖에 안 남아요. 다 사라졌어요.

그런데 예수님은 지금 열두 제자를 통해서 12지파를 다시 일으키시는 것입니다. 다시 한번 이스라엘을 회복시키는 것입니다. 그러면 다시 한번 하나님 나라가 이 땅 가운데 임함을, 누구를 통해서요? 열두 제자를 통해서 선포하시는 것입니다. "내가 이스라엘을 다시 세우겠다. 하나님 앞에 범죄한 이스라엘. 하나님을 떠난 이스라엘을 다시 내가 일으키겠다!"라고 열두 제자를 부르고 계신 것입니다.

여러분, 우리를 하나님께서 왜 부르셨을까요? 다음 세대의 기초를 쌓아올리는 하나님의 구축병이 되라고 부르셨어요. 그런데 하나님께서 다음 세대를 살리는 방법이 무엇이었나요? 12명을 세우는 거였어요.

지금 이 자리는 12명이 넘는 우리 교사들이 있습니다. 하나님은 우리를 통해서 우리 교회의 미래를 세우시고, 우리 부산의 미래를 만드시고, 대한민국의 미래를 지켜 가시는 줄 믿습니다. 이 12명이요. 여러분, 이 12명을 어떻게 했다고요? 세우셨다 그랬어요. 세웠다. 이 말이 굉장히 중요한 말입니다.

세웠다. 그들은 원래 혼자 설 수 없는 이들이었어요. 그들은 다 어부, 마태는 세리였죠? 열심 당원. 별로 사회적으로 주목받을만한 사람들이 아니었어요. 그러나 예수님은 그들을 제자로 세우셨어요. 우뚝 세우셔서 이제는 그 12명의 이름을 우리도 알잖아요. 모두가 알잖아요. 예수를 믿는 사람이라면 누구나 알아요. 왜요? 그 열두 명이 이제 높이 세워져서 그들이 하나님 나라의 일꾼으로 쓰임 받았기 때문입니다.

오늘 이 자리에 나와 계신 선생님 여러분! 남이 나를 몰라준다고 마음 아파하지 마세요. 남이 내가 무슨 수고를 하는지 모른다고 해서 그것 때문에 서운해하지 마세요. 하나님이 여러분을 세우셨고, 여러분을 통해서 하나님이 교회의 역사를 이루실 줄 믿습니다. 그리고 뭐라고 하시나? 이는 자기와 함께 있게 하시고. 그랬어요. 자, 하나님은 왜 우리를 부르셨는가? 왜 부르셨다고요? 함께 있게 하려고. 이게 동행이잖아요? 동행. 동행하는 게 먼저 중요한 것입니다.

우리는 동역하는 걸 중요하게 보지만 먼저는 동행입니다. 여러분, 동행한다고 그러면 우리는 사실 부담스럽잖아요. '주님과 동행?' 그러면 왠지 힘들고 어렵고 부담스럽고? 아니요.

여러분 '동행'이라고 하는 게 어떻게 하는 것이죠? 함께 손을 잡고 걷는 것이잖아요? 보폭을 맞추고 방향을 맞춰서 속도를 맞춰 걷는 건데요. 동행할 때 하나님과 나 사이에 누가 더 힘들까요? 내가 힘들까요? 하나님이 힘들까요?

여러분 옆에 꼬마가 있는데 옆에 꼬마랑 저랑 둘이 걷는다고 생각해보세요. 그러면은 제가 힘들어요? 꼬마가 힘들어요? 제가 힘들죠. 꼬마는 힘든 것이 없죠. 왜? 꼬마는 막 걸으면 되잖아요. 아무 데나 막 걸으면 제가 맞추어야 하잖아요. "아유! 야! 천천히 가!" 재가 어떻게 맞춰요? 그죠? 그러니까 우리가 하나님과 동행할 때 여러분, 오해하지 마세요. 우리가 힘든 게 아닙니다. 하나님이 훨씬 힘들어요. 우리가 워낙 우리 맘대로 가니까 "야! 너 그렇게 갈 거야? 진짜?" 그리고는 같이 가주시고 "야! 너 그렇게밖에 못해?" 그런데 같이 가주시고 동행하시는 것입니다. 동행해 주시는 것.

여러분, 이 동행이 무엇인가? 바로 예배입니다. 우리는 매주 최고의 예배를 못 드리잖아요? 가슴에 손을 얹고 말해보세요. 나의 예배가 매번 하나님 수준에 맞는 예배입니까? 아니죠. 그런데도 하나님은 우리 수준으로 내려와 주셔서 우리의 예배를 받아주세요. 그것도 매주요. 여러분, 오늘도 예배 가운데 은혜 많이 받으셨죠? 그거 내가 한 거 아니잖아요? 그거 하나님이 나와 동행해 주셨어요. 내 수준으로 내려오셔서 은혜를 주셨어요. 얼마나 감사해요? 여러분, 그렇게 우리는 하나님이 동행해 주시는 데 그 예배 가운데서 그다음 힘을 얻으면 뭐로 가요? 바로 동역으로 갑니다. 또 보내사 전도도 하며

마가복음 3장 15절
귀신을 내쫓는 권능도 가지게 하려 하심이러라

그랬어요. 하나님은 우리에게 전도하는 힘을 주십니다. 그런데 저희는 전도대가 아니라 교사인데요. 여러분, 교사는 전도하는 거 아닙니까? 교사 열심히 하면 어떤 일이 벌어지나요? 여러분, 내가 유치부 아이를 잘 먹이고 양육하면 어떤 일이 벌어지나요? 부모님이 감동하십니다. 그리고 안 믿는 부모가 우리 교회에 관심을 가지기 시작합니다. 우리 아이라고 해도 내가 잘 건사 못하는데 선생님이 너무 잘 챙겨주시니깐 감동받는 겁니다. 매일 매일 기도해 주시고, 매주 전화 오고, 아이 잘 도착했다고, 잘 먹고 있다고, 잘 놀고 있다고, 또 잘 데려다주고, 그러니까 선생님의 사랑에 부모들이 감동하는 것입니다.

또한 교회에 나온 새 신자가 있는데 아이들 때문에 어쩔 줄 모르는데 선생님이 와서는 "안녕하세요. 그 아이는 우리

부서로 데려가요." 예배를 마음껏 드리고 났더니 그 아이가 "엄마! 저 오늘 너무 예배 잘 드렸어요. 너무 재미있어요." 그러면은 "야! 우리 교회 또 와야지!" 이런 마음이 드는 것입니다.

그러니까 여러분, 교사는 교사 열심히 하면 전도하는 겁니다. 교사만 열심히 해도 전도가 된다니까요? 여러분, 찬양대원은 무엇으로 전도합니까? 찬양으로 전도하는 것입니다. 그렇죠? 여러분, 여러분이 찬양을 잘하면 듣는 분들이 "우와! 짱이다! 짱이지 말입니다." 그래서 여러분의 찬양을 또 들으려고 또 나오는 것입니다. 전도가 되는 것입니다.

담임목사님 설교로 전도하고 여러분은 여러분의 자리에서 예배하므로 전도를 하는 것입니다. 저는 교사들에게 이야기해요. 절대 나가서 전도할 생각하지 말고 애들 잘 가리켜라! 그럼 그게 전도다! 애들이 우리 교회에 와서 행복하면 가만히 있겠어요? 가만히 있지 않아요. 계속 소문을 내요. 아파트에 소문내고, 학원에 소문내고, "우리 선생님 짱이야! 우리 교회 짱이야!" 그러면 몰려오게 되어 있다니까요! 부모를 감동을 주면 그 부모까지 다 얻을 수 있어요. 얼마나 좋아요. 그리고 뭐라고 하세요? 귀신을 내쫓는 권능을 주신답니다.

여러분, 교사들에게 묻습니다. 여러분, 귀신을 내쫓는 권능이 있습니까? 여기서 "아멘" 하셔도 됩니다. 왜냐하면요? 우리는 귀신이라고 말하면 착각을 하는데 너무 할리우드 영화를 많이 봤어요. 너무 전설의 고향을 많이 봤어요. 그래서 '귀신' 그러면 어머나 '무서운 귀신' 이렇게 생각을 합니다.

그런데 귀신은 무서운 존재가 아닙니다. 그럼 귀신은 어떤 존재일까요? 성경에 쓰여있기를 마태복음 10장을 볼까요? 마태복음 10장 1절. 자, 성경이 말하는 귀신은 어떤 존재냐? 우리가 알고 있는 할리우드 영화는 다 걷어내고, 전설의 고향을 걷어내면 진짜 귀신이 보입니다.

> 마태복음 10장 1절
> 예수께서 그의 열두 제자를 부르사 더러운 귀신을 쫓아내며
> 모든 병과 모든 약한 것을 고치는 권능을 주시니라

오늘의 말씀을 마태가 적을 때 뭐라고 적느냐? 그냥 귀신이 아니라 뭐라고요? 더러운 귀신이라고요. 여러분, 성경적으로 귀신의 개념은 무서운 귀신이 아닙니다. 더러운 귀신입니다. 왜 더럽습니까? 하나님을 알되 경배하지 않기 때문입니다. 하나님을 알되 경배하지 않으니까 귀신은 더러운 존재입니다.

그러니까 어떻게 해야 해요? 당장 쫓아내야 하는 게 맞

는 것입니다. 귀신만이 아니라 뭐라고요? 모든 병과 모든 악한 것을 어떻게 해요? 고치는 권능을 주셨다. 이것이 바로 제자로서의 우리의 모습입니다.

여러분, 우리 아이들은 지금 정말 더러운 귀신에 빠져 있어요. 세상을 지배하는 정복의 영, 경쟁의 영, 남을 짓밟고 올라가서라도 내가 잘되어야 한다는 세상 물질의 영, 개인주의 영, 이기주의 영에 지금 아이들이 가득해서 아이들을 지금 괴롭히고 끌어내리고 하고 있어요. 이러한 때에 모든 더러운 것과 모든 악한 것을 물리치는 하나님의 권능이 내 손에 있음을 믿고 우리 아이들과 함께 이 세상을 바꾸어 나가는 하나님의 사랑의 군사, 하나님의 화해의 정병으로 우리가 쓰임 받을 수 있길 원합니다.

제가 선생님들께 꼭 하는 얘기가 뭐냐면 '167 : 1'이라는 말을 합니다. 따라 해 볼까요? '167 : 1' 이것이 뭐냐면 일주일간 아이들이 세상의 영과 세상의 분위기에 휩쓸려 살아가는 시간 167시간. 거기에 반해서 우리 아이들이 교회에 와서 말씀 듣고 공과 공부하는 시간이 1시간입니다. 자, 24시간 곱하기 7. 일주일이 168시간이거든요. 그런데 그중에서 1시간. 딱 1시간. 우리는 아이들이 공과 공부를 하고 예배를 하잖아요.

그런데 여러분, 신기하지 않으세요? 그러면 이게 비율이 말이 됩니까? 이것이 당연히 밀려야 합니다. 1시간이 밀려야 하는데 안 밀리잖아요. 우리 아이들이 밀리지 않고 예수 믿고 구원받고 우리 아이들이 하나님의 복음대로 살잖아요.

이것이 신기한 것이죠. 왜요? 이 놀라운 '1'이라고 하는 게 혼자가 아니라 하나님이 살아 계시고 하나님이 우리와 함께하시고 목사님, 전도사님이 말씀을 전해주시고 교사들이 깨어 있어서 기도하는 한 시간이기 때문입니다. 이 한 시간이 아이들을 살리는 한 시간이 됩니다. 그러므로 하나님께서 우리 아이들을 놓치지 아니하시고, 하나님께서 우리 아이들을 버리지 아니하시고, 붙잡아 주시는 이 한 시간이 될 줄로 믿습니다.

한 가지 이야기를 드리고 마치려고 합니다. 여러분, 빌리 그래함(Billy Graham) 목사님 아시죠? 유명한 전도자 빌리 그래함 목사님이요. 그런데 빌리 그래함 목사님의 아들이 프랭클린 그래함(Franklin Graham)인데, 이 아이가 한때 참 골치 아픈 아들이었답니다. 아버지가 돈을 많이 버니까 자가용 비행기를 몰고 다니면서 나쁜 짓은 다 했어요. 그런데 경찰이 이 애를 못 잡아요. 아버지가 빌리 그래함이니깐 마음 놓고 온갖 죄를 다 짓고 다니는 것입니다.

그러다 하루는 미국의 중서부 사막을 자가용 비행기를 타고 달리면서 또 죄를 지으러 가는 것이죠. "야! 신난다!" 그런데 비행기에 기름이 떨어진 것입니다. 그리고 기계 고장이 나서 지금 어디로 가는지도 모르는 것입니다. 말을 안 듣는 겁니다. 기름은 떨어져 가죠. 이제 비행기에서 내려야 하는데 문제는 미국 중서부 사막에는 아무것도 없어요. 불시착을 할 수 있는 공항이 없어요.

그래서 이때 프랭클린 그래함이 기도를 시작합니다. "하나님! 처음으로 기도하는데 만약 우리 아버지가 전하는 하나님이 계신다면 저 좀 도와주세요. 하나님! 만약에 진짜 하나님이 있다면 저 좀 어떻게 해주세요. 하나님! 이 밤에 아무도 날 도울 수 없는데 하나님이 깨어 계신다면서요? 저를 살려주시면 제 삶을 드리겠습니다. 저 좀 도와주세요."라고 기도했어요.

그렇게 기도를 다 끝나고 났는데 뭐가 기억이 났냐면 이 근처에 공항이 하나 있는 것입니다. 그 공항으로 가보자! 어쨌든 가보자! 그런데 가긴 가는데 미국의 사막에 있는 공항은 하루 동안 비행기가 한 대도 안 뜨는 공항이 많아요. 그러니까 그 공항도 그 밤에 불을 켜 놓은 활주로가 하나도 없는 것입니다. 공항 관제탑은 보이는데 활주로가 안 보이니까 기도를 하는 겁니다.

"하나님! 불 좀 들어오게 해주세요! 하나님! 활주로에 불 좀 들어오게 해주세요! 제발 불 좀! 불 좀! 하나님! 저 이제 떨어지면 죽어요. 제발 하나님! 하나님!" 하는데 그때 무슨 일이 벌어졌을까요? 눈앞에 있는 활주로 하나가 불이 다다다다 들어오는 것입니다. 와! 정말 가까스로 비행기를 돌려서 그 불이 들어오는 곳으로 끼이익 쉭쉭쉭 하고 내렸어요. 와! 정말 1초, 2초만 늦어서도 땅에 박아 죽는 거예요. 그런데 그 활주로에 내리자마자 불이 다다다다 꺼지는 것입니다. 급히 뛰어내렸습니다.

그리고 관제탑을 향해 뛰어갑니다. 관제탑의 문을 열고 외칩니다. "지금, 지금 활주로에 불을 켜주신 분이 누굽니까? 그분 덕분에 제가 살았습니다. 누굽니까?" 했더니 관제탑에 있는 사람이 "어? 불 켠 사람 없는데요." "아니요! 아니요! 제가 지금 분명히 그 불을 보고 내렸다니까요! 제가 내렸어요!" "글쎄요? 오늘 저희 공항에는 불 켤 일이 없어요. 뜨는 비행기도 없고, 내리는 비행기도 없어서 저희는 불을 켰을 리가 없어요." "아니에요. 불이 켜졌다니까요!"

그런데 저 끝에서 막내 말단 직원 하나가 머리를 긁적이면서 "실은 제가 좀 전에 켰는데요." 그러는 겁니다. 그래서 담당

자가 "야! 너 왜 켰어? 네가 뭔데 불을 켜?" 그랬더니 "실은요. 저에게 목사님이 지금 심방을 오셨거든요. 그래서 목사님이 성도님은 공항에서 어떤 일을 합니까? 그래서 저는 활주로에 불을 켜는 일을 합니다. 아, 그래요? 그러면 한번 볼 수 있나요? 그러셔서 목사님! 당연하지요! 여기 레버도 보세요. 레버를 올리면 불이 따따따 들어오지요? 잘 보셨죠? 목사님? 제가 이런 일을 해요. 그리고 내리면 불이 뚜뚜뚜뚜 꺼져요. 보셨지요?" 이걸 한 거예요.

그런데 말도 안 되는 일이 벌어진 것이죠. "올리면 들어옵니다." 하는데 그때 비행기가 쫙 들어 온 겁니다. "내리면 꺼집니다."하는데 불이 꺼지고 프랭클린 그래함이 내려서 여기까지 뛰어온 거예요. 이 이야기를 듣는데 프랭클린이 주저앉아 버렸습니다. "아! 하나님이 살아 계시는구나! 하나님이 살아 계시는구나!" 아! 이런 말도 안 되는 일이 벌어져요.

여러분, 왜 그 목사님은 하필이면 그 밤에 그 사막에 있는 공항으로 심방 가고 싶었을까요? 그리고 왜 그 말단 직원은 이것을 보여주고 싶어서 불 들어오는 것을 보여주고 싶어서 그날따라 이 레버를 올렸을까요? 이것이 모든 게 말이 안 되는 거잖아요?

그런데 여러분, 하나님은 신실하셔서 그에게 기적으로 불을 들어오게 한 게 아니라 한 목사님으로 말미암아 일하셨어요. 하필이면 그 저녁에 심방을 받는 이분이 자기의 일을 그 일에 충실하면서 이 일을 지금 해내는 그 자리에서 하나님이 역사하시는 것입니다.

여러분, 하나님은 하늘의 천사를 보내 기적을 일으키지 않습니다. 하나님은 이 시대의 자연과 상식을 뛰어넘어서 말도 안 되는 일을 벌이시는 분이 아니라 누굴 통해서? 최선을 다하는 우리를 통해서, 그리고 나를 통해서 일하십니다.

손을 한번 가슴에 올려 볼까요? 누구를 통해서? 나를 통해서! 그렇죠. 내가 맡겨진 일을 감당할 때, 내가 교사로 봉사할 때, 내가 찬양대를 지킬 때, 내가 찬양 인도를 할 때, 내가 주차 인도를 할 때, 내가 식당 봉사를 할 때, 내가 새 가족을 섬길 때, 내가 전심으로 예배할 때 하나님은 나를 통하여 하나님의 기적을 이루십니다. 한 생명을 살립니다.

지금 프랭클린 그래함 목사님은 세계적인 전도자가 되어서 아버지 빌리 그래함을 뛰어넘는 심령을 살려내는 사람이 되고 있습니다. 그는 한 사람이 자기의 자리를 지켰을 때 그 충성으로 변화되어서 하나님의 살아계심을 만났습니다. 저는 이 자리에 계신 여러분들이 저를 저 되게 만들었던 그 옛날 피에로 선생님처럼 여러분의 자리를 지킬 때 어린 심령이 변화되는 역사가 일어날 줄로 믿습니다. 그 목사님처럼, 그 공항 직원처럼, 여러분이 여러분의 자리를 지킬 때 충성을 다할 때 우리 교회를 지켜내고 하나님이 우리 교회를 통해서 이루고자 하시는 그 뜻을 이루어 낼 때 하나님은 반드시 우리 교회를 통해서 다음 세대를 살리고, 부산을 살리고, 한반도를 살리며, 세계를 살려내는 하나님의 위대한 일을 행하실 줄로 믿습니다.

이 시간 같이 기도하겠습니다. 같이 기도할 때 우리 선생님들은 우리 반 아이들을 떠올리면서 우리 부서 아이들을 떠올리며 이렇게 기도하면 좋겠습니다.

하나님! 우리 아이들, 한 명 한 명의 심령을 살려 주시옵소서. 또한 우리 부서가 전도하는 부서가 되게 하시고 부흥케 하시고, 이번 여름성경학교를 통해서 더욱더 뜨거워져서 말씀으로 충만한 부서가 되게 하여 주시옵소서. 또한 저희들 충성을 다하는 가운데 우리의 자리를 지킬 때 놀라운 일이 벌어지게 하여 주옵소서. 주님, 더욱 부흥케 하시고 놀라운 인물들이 나오게 하시고, 이 시대와 민족을 뒤집어엎는 하나님의 자녀들이 불끈불끈 솟아나는 놀라운 부서가 되게 하시옵소서. 우리 같이 기도하겠습니다.

Special Thanks

이 책을 덮으면서 도저히 그냥 넘어갈 수 없는 이름들이 있습니다. 성민교회를 개척하시고 지금의 좋은 영적 분위기를 만들어주신 양기수 목사님과 조영희 사모님, 그리고 늘 사랑으로 지지해주시는 홍순모 원로장로님과 서행순 권사님께 감사드립니다. 또한 진심을 나눠주시는 수많은 장로님들 권사님들께도 감사드립니다. 그리고 이 사역들을 현장에서 뛰면서 가능하도록 동역하고 있는 최재인, 이슬기, 최승룡, 이성훈, 김세영 목사님들과 박에스더 전도사님께 감사합니다. 제가 만약 칭찬을 받는다면 그 몫은 여러분 덕분이라는 말을 전하고 싶습니다.

그리고 가장 감사한 분들은 늘 마음다해 응원하고 행복을 같이 누리는 우리 성민 가족들, 바로 성민교회의 일원으로 협력하고 힘을 모아주시는 교우들, 특히 다음 세대 아이들입니다. (아들 민재와 민서야, 정말 고맙다! 꼭 너희같은 아들들을 낳기를 바란다!) 또한 지난 30년간 교회교육의 동지요, 멘토요, 친구요, 연인으로 언제나 저의 안정감이 되어주는 아내 이승연 목사님께 감사의 인사를 드리고 싶습니다.